JN071366

悩みが消える

祈りの作法

山田眞佑里
Mayuri Yamada

「古神道」の教えで人生は好転する

ビジネス社

はじめに――古神道の精神を生活に生かすとあらゆる悩みは解決する

古神道(こしんとう)って、ご存知ですか?

単なる「神道」なら知っているけど、古神道っていわれてもよくわからない。

そんな声が聞こえてきそうです。ごもっともです。私も最初はわかりませんでした。

古神道とは、日本に仏教が入ってくる前から日本人が信仰していた神道のことです。仏教伝来後は、いろんな宗教や思想の影響を受けています。外国の影響を受ける前の、日本人の精神性のもととなっているのが古神道です。

日本人の考え方の根っこといってもいいかもしれません。

たとえば、現代では「今、ここに生きる」ことの大切さがしばしばいわれますが、古神道では大昔に「中今(なかいま)」という人生観として「今」の大切さを示しています。

生命の大きな時間の流れの「中」で、自分が直接に参加できる「今」という時間が、一番大切であり、その「心の在り方」が過去を癒し、未来を再生するという考え方です。

古神道の教えで人生が好転していく

私は**古神道を学ぶにつけそのスゴさに驚かされると同時に、教えを生活に生かすことで自分の人生が好転していく**のを感じました。また、古神道を伝えるごとに多くの人の人生が変わっていくのを目の当たりにしました。

なかでも、私が大きく影響を受けたのは、

「すべての答えは自分の心の中にある」

という教えです。

「人は神様から御霊（みたま）を分けてもらっている。だから、自分の中にも神様がいる。自分の中の御霊（神様）とつながることができれば、いろいろな悩みの解決方法がわかる。自分自身を幸せに導くことができる」

というのです。

私自身、自分の中の神様とつながる方法や古神道の考え方を学び、自分に降りかかるあらゆる問題を解決してきました。

そして、悩みを抱えて、私に助言を求めてくる方々に、学んだことをお伝えし、問題を好転させてきました。

本書では、その方々の事例を紹介しながら、悩みを克服する方法をお伝えしていきます。

世話好きな両親のもと、数々の人の悩みを見ながら育つ

私のことをここで少しお話しします。

生まれたのは、北海道札幌市麻生町です。両親は「麻生町の台所」といわれた山田市場を経営。面倒見がよく、店子さんとその家族を市場の2階に住まわせていました。

悩みがあれば、何でも相談に乗り、保証人になってあげたりもしていました。

市場で財を得た店子さんたちが自分たちの住まいを建てて出ていくと、空いた部屋は北海道大学の男子学生専用の寮にしました。息子が欲しかった両親は、学生さんをとても可愛がり、一緒に過ごす時間を何より喜び、生きがいにしていました。

閉寮するまでに面倒を見た学生さんは総勢50名余。両親は学生さんたちの相談にも親身に乗っていました。

私は、大勢の人の中で、相談に乗る両親の様子を間近で見て育ちました。複雑な人間関係を通して、**子どもの頃から「なぜ人生が上手く行っている人と、そうでない人がいるのだろう?」と疑問を持ち、人の心に着目する**ようになりました。

20代の頃から本業のかたわら、無料カウンセラーに

地元の高校を卒業後、アメリカの大学に留学し、欧米の考え方も学びました。帰国後は、新聞社や外資系ホテル、銀行、不動産開発など複数の会社で働き、トップの側近として商いの心得を教わり、ビジネスの厳しい世界に身を置いてきました。

また、親から受け継いだ性分なのか、20代の頃からいろんな方から人生相談を受けることが多かったのです。不登校、子どもの自死、経済的な悩み、夫婦関係も含めた人間関係のもつれ……。悩みは多種多様でしたが、相手に寄り添い、一緒に問題を考えました。

やがて平日は会社員として働き、休みになると無料のカウンセラーとして悩みを抱える方の相談に乗る日々が続きました。目が回るような多忙な日々。でも、相談者から感謝されると嬉しくてやりがいを感じました。

自分の悩みがあるときは神様の前で基軸を整える

人の相談に乗るだけでなく、私自身も家族の悩みはつきませんでした。

両親が病に倒れ生死の境をさまよったり、姉が医療事故で生涯歩けなくなるといわれたり、家業を手伝いながら会社員として働く日々に忙殺されたり、親の事業負債で6億円もの借金を相続したり……。

何度も心を見失いそうになりました。頼れる人が周りにおらず、できたのはことあるごとに近所の神社に行って手を合わせることだけ。**神社に行くと不思議と落ち着き、自分の心の基軸を保つことができました。**

「この不思議な感覚は何だろう」

そんな疑問から、いつしか古神道や日本の古来の精神性に興味を持つようになり、自分なりに本を読んだり、勉強会に参加したりして、理解を深めていきました。

学べば学ぶほど、既述したように、あらゆる問題解決のヒントが古神道の精神にあることがわかってきたのです。

「願いが叶う祈り方がある」ことを知ったときは、もっと早く知りたかった、と心からそう思いました。

1万人以上の方の相談に乗り、問題解決へと導く

40代になると、人を癒すヒーリングにも興味をもっていたことから、NASAの科学者で世界的に著名なヒーラー、バーバラ・アン・ブレナン氏に師事。ブレナン氏が日本に開校したスクールでヒーリングも学び始めました。

さらに、この頃に相続した両親の事業負債6億円を2年半で完済。

これをきっかけに、勤めていた会社を辞めて、人に雇われるのではなく、自分主体で生きること、20年以上休日に行っていた無料カウンセリングを有料化し、本業にする決意をし、起業しました。東日本大震災が起こる3か月前のことでした。

以来、カウンセリングやコーチング、古来の精神性を学ぶ「神社ヒーリングツアー」、心の基軸を取り戻すための「コアエッセンスヒーリング実践講座」（旧グリーフケアセラピスト養成講座）などを行っています。

これまで1万人以上の方の相談に乗り、問題解決へと共に道筋を描いてきました。

「人生が好転した」
「自殺を思いとどまった」
「お金の心配をしなくて済むようになった」
「険悪だった姑との関係が良好になった」

日々、聞こえてくるそんな喜びの声を励みに現在、仕事に精進しています。

多くの方々の悩みを解決してきた根本には古神道の教えがありました。その教えをもとにしながら、私が人生で学んできた具体的な問題解決のコツもお伝えしてきました。本書では、

- 古神道の教えとその言葉の意味
- その教えによって問題を解決された方々の事例
- どんな悩みにも生かせる問題解決のコツ

をお伝えします。

本書は幅広い方々に向けた内容となっていますが、特に

- 古神道に興味がある方
- 今、目の前に解決すべき問題がある方

・神社での本当の祈り方を知りたい方
・幸せになりたい方
・悩みはないけど、何となく不安な日々を送っている方
このような方にはお役に立てると思っています。

なお、本書のタイトルは『祈りの作法』です。「祈り」とは未来の「設計図」につながるものです。悩みを消して新しい自分で生きるための、儀式のことです。「作法」とは心の技術であり「心を磨く方法」のことです。

心を磨くほどに祈りの純度が高まり、願いが叶いやすくなります。「祈り」の深さが、これまでの人生とこれからの人生の価値を決めます。「祈り」によって自分の心と深く向き合い、「作法」によって不要なこだわりを手放し、より自由で愛に満ちた人生を積極的に歩みましょう。

人生でこだわっていいのはたったひとつ。「自分を幸せにすること」だけです。

本書によって一人でも多くの方が幸せな人生を送られることを願っています。

山田眞佑里

祈りの作法　目次

さにわ力(りょく) 55

第2章　心の解釈を変える――人間関係編

第3章　人生を自分で創造する——お金・仕事・結婚編

第4章 心を整える――感情・精神・言葉編

補章　古神道の作法

本書はビジネス社・ＯＣＨＩ企画共催「グッドインフルエンサー著者養成塾」の企画によるものです。

第1章 自分を信じて自分で決める

身体編

決定祈り

意味

疑いようのない強い思念。決定祈りとは、「もうこれは達成された」と心の底から思うこと（＝「叶うことが決定している」と思う）と言葉と行動を一致させた上で祈ること。決定祈りによって願いを叶える。「神様に通ずる」祈りとは、自分の欲望を明け渡して、純粋な深い思いやりが根底にあることが大切。そうすれば、ゆがみ無き想いが心の中で育ち、神様に感応する。あなたが心の底から願いを決意し、「必ず成就される」ことを信じ続けるなら、「決定成就」の祈りに深化されて、祈り求めた結果が顕現する。

可能性を信じて、決意し、祈ることで、無限の力を引き出す

願いを叶えやすくする祈りの方法、それが「決定祈り」です。

私たちの意識には無限の力があります。意識とは、心が知覚している状態のことで、普段自覚している意識（顕在意識）と、自覚していない意識（潜在意識。普段は忘れている考え方、本能）があります。その力を引き出せるかどうかは自分次第です。

大切なのは、未来の不安に力を奪われるのではなく、**今できる最大の可能性を信じて、自ら決意することです。純粋に「今」この瞬間に意識を集中させることが現実を創造します。**細胞生物学者のブルース・リプトン氏は著書『思考のパワー』（ダイヤモンド社）で、意識の力が細胞やＤＮＡに変化を及ぼすと語っています。

Mさん（50代・女性）の場合

ステージ4のすい臓がんから生還を果たす

Mさんは、最初に私の個人セッションに訪れた時、目に見えない世界をまったく信じていませんでした。ですが、素直な方で、私が意識や魂についてお話すると、本を買って勉強し、自分の生き方や自分の魂に真摯に向き合い始め、神社にも通うようになりました。

毎年の健康診断ですい臓にガンが見つかったのは、それから間もなくのこと。

２０１３年の７月でした。

要精密検査の通知がきて、検査を受けると「血糖値が高い。すい臓に何か問題があるかもしれない」といわれ、その後さらに受けた検査で、すい臓がんステージ４ａと診断されました。がんのサイズは大きく、手術はできるけれど、そのまま手術してもすぐに再発してしまうのがすい臓がんの手強さと知らされました。

彼女は４人家族。息子さんは就職浪人中、看護師の娘さんは体調を崩して入院中、ご主人は「俺をひとりにしないでくれ」と途方に暮れている。

この家族を残して死ぬわけにはいかない。一体どうすれば……。

５％の人が助かる可能性があるなら、「５％に選ばれる人になる」と決めればいい

絶望的な気持ちを抱えてＭさんがやってきました。

お話を聞いたあと、私は次のように伝えました。

「５％の人に助かる可能性があるのなら、５％に選ばれる人になると決めましょう。必ず完治させましょう」

そして、完治に向けてやること、すなわち、決定祈りと決定成就のプロセスとして次のことをお伝えしました。

決定祈りとは、「すでに叶ったと強く思い、毎日神様に祈ること（Ｍさんの場合はすでに治ったと思うこと）」です。

決定祈りのプロセスは次のとおりです。

決定祈りのプロセス

①「現実を受け入れる」（現実を回避しない）

↓病気を受け入れる

②「最良の結果を意識する」（イメージして、それを言葉や想いにする）

↓最良の治療と完治を意識する

③「最善の行動を意図する」（情報を集めて、分析し、行動する）

↓②に合わせて情報を集め、最適な主治医や病院を探す

④「在りたい自分を宣言する」（その自分をイメージして神様へ感謝）

↓祈り「意乗り・意宣り（いのり）」と神様への感謝

⑤「結果に合わせた行動をする」（結果を信頼する）

↓自分がこうなっているという結果を信頼し、治療をする。自分が決めた未来（完治している状態）についての行動をする

⑥「現実化する」（委ねる）

↓行動をしたら、あとは神様に委ねる

決定祈りのプロセスをまとめると、

「前向きに自分の欲しい未来を決定して、最善の努力をする。そして、自分を信頼して最後まであきらめずに、現実化を想定した行動を続けながら、あとは神様に委ねる」

ということです。

一連の流れをお伝えしたあと、

「完治させて、５か月後に私が主催するセドナツアーに一緒に行きましょう」

とお誘いしました。

彼女が自らの意志でセドナに行くことを決めて、旅行に参加したいと私に許可を求めてきたからです。

セドナはアメリカ・アリゾナ州にある砂漠の町。ネイティブアメリカンの聖地であり、世界的に知られたパワースポットです。

Ｍさんは、黙ってうなずきました。

「治った」と決め、治療のための情報収集を開始する

それからのMさんは、ご主人と協力して、精力的に情報を集め、あるドクターを見つけ出しました。当時珍しかった「術前化学療法をしてから外科手術を行う」名医です。術前化学療法とは、すい臓がんの初期治療として、手術で切除しやすくするためにがんを小さくしたり、目にみえない小さな転移を根絶することを目的に手術前に行う全身治療のことです。

そのドクターが在籍する病院は、「治療には症例数が多い病院がいい」と思っていたMさん夫婦の考えにも合致。すぐにその病院に転院する決断をしました。最短の日程で入院や手術も決めていきました。

こうして、たった一日でも遅れたら叶わなかった奇跡のようなタイミングで、すべてがまとまっていきました。

入院してすぐのこと、病棟にあった図書コーナーである本がMさんの目に留まりました。

セドナの写真集です。ページをめくると、圧倒的な大自然のエネルギーの息吹を感じる赤土の大地が広がっていました。

「ここ（セドナ）に必ず行く」

Mさんはそう決意しました。

手術は10月末に決まっており、セドナツアーは翌年の2月の予定。大手術の3ヶ月後です。Aさんが主治医に相談すると「ぎりぎり間に合うかもしれない」と言われました。

後からAさんが聞いたところによると主治医は、大きく開腹する手術の後で、抗がん剤による治療の計画もあり、海外旅行など無理だと思った。けれど、希望を持てば苦しい治療も頑張れるかもしれない。願うような気持ちで「間にあうかも」と言ってくれたそうです。

病室のキャビネットに神棚コーナーを作り毎日決定祈りをする

それからAさんは、病室のキャビネットの一番上のスペースを神棚コーナーにしました。神社からいただいた御札とセドナの写真を立てて、毎日、目的を決定して完遂したかのように祈り始めました。

「無事に手術を成功させてくださり、ありがとうございます」

「セドナの大地に立てたことに感謝します」

「この経験により、私は誰かのお役に立っています」

祈りは、Mさんの揺るぎない決意でもありました。

そして、手術をする前にセドナツアーの申込みをして、払い戻しのできない3カ月先の航空券も購入しました。


しばらくして、Mさんは不思議な夢を見ました。

赤土のセドナの大地を踏みしめながら山を登っていくと、やがて頂上にたどり着く。セドナの絶景が目の前に現れ、来られたことに感激して涙している。そんな夢でした。

セドナの大地に立ち、生きていることの喜びを味わう

予定通り10月末に手術が行われました。

主治医によれば、急激に大きくなったはずのすい臓がんは、その勢いをなくし、「シュンとして、しょげている」状態だったそうです。

年が明けた2月。Mさんは笑うだけでまだ傷跡が痛い状態で、抗がん剤治療が続いていました。しかし、主治医と相談して1週間だけ抗がん剤治療を中断して、決めた通りセドナに旅立ちました。

セドナでは、アイコン的存在の巨大な岩、急勾配のカテドラルロックを四つん這いになりながら登りました。

頂上に辿り着いた時には、嬉し涙を流しながら叫びました。

「夢で見たのと同じ景色！」

その場所から見えた広大な大地も、一緒に旅をした10人ほどの仲間たちが、みな口々に「おめでとう」と言いながら自分を抱きしめてくれる様子も、それを少し離れた場所から微笑んで見つめる私も、夢で見たのとまったく同じだったと言います。

自分の経験を生かしてすい臓がんの患者や家族をサポートする

Mさんは、日本に戻ってすぐ抗がん剤治療を再開。無事にすべての治療を終えました。

そして、4月にはすい臓がん患者会のメンバーの推薦を受け、すい臓がんの患者会や講演の活動を始めました。がん患者や家族の方々に体験談を話し、勇気を与える活動です。

また、すい臓がんの研究者と医療従事者を支援し、患者とその家族を支える組織の日本支部とも連携をスタート。

すい臓がんの患者から、同じ病で苦しむ本人や家族の人たちをサポートする立場へと変わりました。

２０１３年10月の手術から10年。Mさんは、今も、すい臓がんに関わる人たちの希望の星です。私生活では、お孫さんの成長を楽しみながら、家族との幸せをかみしめています。

病気を受け入れ、最善の行動をし、決定祈りをして、現実化していったMさんの中心にいつもあったのは、「素直さ」と「笑顔」「感謝の気持ち」です。

自分の心に静けさを保ち、心の真ん中にある魂の声に従って素直に行動する。

周囲を気づかって笑顔を忘れない。

どんな状況でも感謝することで、エゴという心の曇りを祓う。

その真摯な姿勢には、いつも頭が下がる思いでした。だからこそ、内なる魂の無限の力を引き出せたのだと思っています。

願いを叶える決定祈りのコツ

決定祈りのポイントについてまとめます（一般的な神社参拝などでの祈り方の作法については巻末の補章参照）。

●思いと言葉と行動を完全に一致させる

決定祈りで大切なのは、思いと言葉と行動を完全に一致させることです。

思いには３段階の深さがあります。

思いの深さの３段階

浅　い　「思い」→思考で思う　（一般的な常識から話す）

↑　「想い」→心の感情で思う　（主体的な感覚で話す）

深　い　「念い」→魂で思う　（存在を通して話す）

「すでに達成された」と心の底から思い、思っていること（意識）、言っていること（言葉）、やっていること（行動）を統一させます。

それによって、思いは「ひとつの想い」になります。「想い」を深めることで、「念い」に変わり、魂のエネルギーを発揮しやすくなります。

言葉は2種類あります。つぶやきは、内面の言葉。話すことは、外面の言葉です。どちらの言葉も大切です。

達成されたことを前提に行動にします。Mさんのケースでは、手術がうまくいっていることを前提に、払い戻しのできない航空券を購入しました。

●いまに集中する

意識には無限の力があるとお伝えしました。

意識は「ある」と認知することで発現し、「何を」意識的に見るかで人生は変わります。常識やルールにとらわれたり、「どうせ無理」と自分に制限をかけると、無限の力を引き出せないこともあります。

「決定祈り」とは魂への祈りの注入です。無我の境地で「できる」「できない」の思考を超えて、それをすでに体現して祈る意識の顕現（はっきり表すこと）です。祈りは「意乗り・意宣り（いのり）」。意識を乗せて自ら宣言することで大いなる力を発揮します。

●祈りは声に出しても出さなくてもいい

祈るときには、声に出してもいいし、心の中でつぶやいても構いません。

ただ声に出したほうが、声帯などの筋肉を使い、音を通して自分の耳でも聴くので、五感の中の触覚や聴覚が刺激され、より右脳に働きかけ、自分の中に定着しやすくなります。定着すると、迷いがなくなり、ひとつの方向に向かいやすくなります（目的がぶれない）。

「迷う」は、「魔が寄る」につながり、妨げとなるものが入ってきてしまうので、迷いをなくすことが大切です。

口に出すと、言った通りにやらなければいけない、という気持ちが生まれ、行動につながりやすくもなります。

また、必ずしも神棚に向かって祈らなくても大丈夫。ただし、横柄な態度や怠惰な気持ちでは決してやらないこと。静寂な安全な場所に限定されます。神棚があると、神様の定位置が決まり、日常の中で、いつも神様のご存在を身近に感じて、生活を整える意識が保てるという効果があります。

もっとも大切なのは、意識と言葉を一致させ、目的を定着させることです。

思ってもいないことを言葉にするのではなく、心の奥で思っていることを言葉にして祈ります。Mさんの場合は、「手術が成功している」「セドナの地に立っていること」「人の役に立っている」ことをいつも思い、それを言葉にしていました。

私は定期的に、神社にお参りに行っています。

なぜ神棚があるのに、わざわざ神社に行くのか？　それには2つの理由があります。

1つ目は、一般的には、神社には鎮守の森という自然があり、敷地は、いつも清浄な空間として整えられています。非日常の中で、五感を通して、普段では気がつかない自分の心のクセに気がつき、心を清めるためです。

2つ目は、自ら神社に行くことにより、より気持ちを整えて神様に感謝を伝えられるからです。身だしなみも意識します。神様に向かい合う時は、礼節をわきまえて、「畏敬の念」を持って接する意識が何より大切だからです。

もし神様が両親だとしたなら、都合のよい頼み事の時だけ訪れる子どもより、定期的に顔を見せてくれる子どもの方が親愛の情がわきます。

「お陰様で生かされている」ことの感謝の念を定期的に伝えることで、人はより感謝の気持ちを定着させることができます。そして、神様を通しての心の問いかけは、心の成長につながり、自分自身の励みにもなります。現代社会で例えるなら、自宅（神棚）でもリモートワークで仕事はできますが、本社（神社）に行くことで、緊張感を持って、客観的に自分を見つめ直し、日常の心の姿勢を再確認する有り難い機会になります。

●午前中に祈るほうが意識と言葉が一致しやすい

祈りは、自分に定着するまで、何度も繰り返します。

手を合わせられるときは合わせ、難しいときは合わせなくても構いません。

１日何回、１日何分という決まりはありません。自分なりの決まりを作ってもいいです。ただし、できなかったときに「今日はできなかったからダメだ」とダメ出しをするのはＮＧです。前向きな気持ちが大切だからです。

自分が心地よくできるやり方がベストです。

時間帯としては、陽の気が満ちた太陽が高い位置にある午前中がおすすめです。私たちは自然のリズムの中で生かされています。明るいうちは、比較的気持ちが安らいでいるからです。夜になるにつれて、疲れが出てきます。疲れていると、不安なことを考えやすくなる上、素直に意識（思考）と言葉を一致させるのが難しくなります。まわりの空間にも邪気が溜まりやすくなります。

ただし、「朝よりも昼がいい」「夕方がいい」など、自分が心地よく落ち着いて祈れる時間がある場合は、好きな時間で構いません。自分のライフスタイルに合わせます。

●祈る方向は違和感のない方向

「祈るとき、どこの方角を向けばいいですか？」と聞かれることがありますが、方角は特にこだわらなくていいです。自分がいいな、と思った場所でいいです。

神棚の置き場所も、お札が東か南、もしくは東南のいずれかを向くようにお祀りするほうがいい、とする考え方もあります。しかし、Mさんのように病室であれば、置ける方角は限られてきます。住まいも同様です。

大事なことは、自分の感覚を研ぎ澄まし、自分らしい心との向き合い方を確立していくことです。神様との対話は、自分の心の対話のはじまりでもあるからです。居心地の良い感覚（肌感覚）を磨くきっかけにもなります。

ですから、まずは始めてみることで、最良な方法にしていきましょうと、私はお伝えしています。

ただし、一度置いてみて違和感があれば、変えます。自分の魂が神様の神殿といわれます。答えは自分がいちばんよく知っているのです。

●素直さ、笑顔、感謝を忘れない

素直の「素」は、主に糸を垂らすと書きます。「直（なお）」は直接の直（ちょく）です。

つまり、糸を垂らして主（神様）と直接繋がるということ。天（神・潜在意識）と地（現実・顕在意識）と繋がって、「自分がこう在りたい」という心を率直に伝える、という意味があります。

あなたが天の教えを地という現実社会で、肉体を持って成し遂げた時に、天の教えを実践した天地人としてのお役目を果たします。

ですから、素直さは非常に大事です。

微笑みは、リラックスするために欠かせません。また、笑顔になるとぱっと瞳が輝きます。瞳の輝きは、オーラの輝きを意味します。笑顔でいると、自分にエネルギーが注がれますし、まわりにも笑顔がもつ優しい気持ちが反映されます。

感謝は、潜在意識と顕在意識を結びひとつになった時に表れます。

意味

『日本書紀』（養老４年、西暦７２０年）に出てくる言葉。あらゆる時間の中で、「今」が最も大切なものとする考え方。神道の人生観を表す重要な神道思想の一つ。

過去や未来をつなぐ「今」の向き合い方が人生を変える

生命の時間の中で、今、自分が直接参加して変えられる瞬間は、過去や未来でなく、真ん中にある「今」だけです。しかし、人はつい過去の後悔や未来の不安にとらわれてしまいがちです。すると、いつも心が波立っていらいらしたり、気持ちが沈んだり、心配ごとで眠れなくなったり、人間関係がうまくいかなくなったりします。逆にいえば、過去や未来を切り離し、「今」にいることで、解決できる問題は多いのです。

中今は未来と過去の中間にあります。「古事記」でイザナギノミコトが禊祓い（水浴で身体を清めること、穢れ祓い清めること）をしたのは、川の中流。上流は流れが速く、下流は流れが淀んでいます。中流は流れがちょうどよい場所。中今は、中庸、中立を重んじる神道の考えを表しています。

中今は、過去の知識や解釈に引っ張られたり、未来を憂うことなく、純粋な状態で「今に在る」こと。偏りなく、すべてに同調し、完全な調和に「在る」ことを意味します。

Rさん（60代、女性）の場合

長年の虚しさを手放し、今を満喫する幸せを手に入れた

60代のRさんには、自分の人生を考えたとき、いつも感じる思いがありました。「やりきれなさ」です。「いつまでも残るこの虚しさはなんだろう？」。

悲しみや煮えたぎるような苦しみに悩んでいました。孤独感がつきまとい、生きる喜びや楽しみを見出せずにいました。やるせない人生から卒業したいと、心に関する講座をいろいろ受けました。私の講座を受講したのも救われたい気持ちからでした。

やるせなさのきっかけを聞いてみると、「思い当たることが2つある」と言いました。

1つは1歳に満たない時に大けがによって左手の5指すべてを失ったこと。

昭和の時代に、しかも女性でハンディを背負ったことは、人生に大きな制限をかけました。

2つ目は妹に対する劣等感。彼女の妹は、優秀でかわいく、体も丈夫。Rさんが欲しいと望むものをすべて持ち合わせていました。いまでも忘れられないのは、町中の占い師に

母が姉妹を見てもらったときのこと。占い師はこう言いました。

「妹さんはすごいね、成功するよ。お姉ちゃんは、自分で生きることを考えずに、妹さんに面倒を見てもらえばいいよ。お母さん、タバコ屋さんでもさせなさい」

悔しくて悔しくて、子どもながらに死刑宣告を受けた気持ちでした。

そのときから、「絶対、誰にも負けない。いつか見返す」と強く思い、自分の存在価値のアピールに必死になりました。心の裏側には、いつも「私には価値がない」という自己否定の気持ちを抱えていました。


人と肩を並べて何でも挑戦しました。でも、やってみるとできないことが多い。自分で「できないこと」を認められない。挫折と自己否定を繰り返しながら、「将来は、みんなが認めてくれる何者かになりたい」という思いで必死に生きました。

一方で、早く人生を終わりにしたい、という思いにもさいなまれます。


そんな気持ちのまま、学校を出て、就職をして、30代で結婚もしました。2人の子どもに恵まれて育て上げ、立派に自立しました。今は「笑いヨガ」（笑いの健康体操）を教える仕事をしています。こう聞くと、一見、順風満帆に見える人生です。

しかし、彼女の内面は違っていました。親や妹、夫や友人、子どもに対して、本心で関われず、「笑いヨガ」の受講者たちにも深く心を開けない。

仕事はもちろん人生において、楽しさや喜びを感じることもほとんどない。人と関わるときに思うことはただひとつ。自分を認めてほしい……。

過去の悔しさや未来の心配にとらわれ、今を楽しめない

彼女の「無関心」をリアルに感じたのは、私の講座で「赤ちゃんワーク」をしたときのことです。そのワークでは、希望者が横になって赤ちゃん役になります。お母さん役が、あやしてくれます。彼女は、誰よりも早く、赤ちゃん役に手を挙げました。

多くの人がこの体験で「母への愛情」を思い出して感激する一方で、母親との過酷な思い出がある人は拒絶反応を示します。彼女も後者でした。

お母さん役の人が、子守歌を歌い赤ちゃんに声をかけていきます。

「生まれてきてくれてありがとう」「一緒に楽しもうね」「お母さん幸せだよ」

赤ちゃん役は黙って身を委ね、あやされます。

終わってからＲさんに「いかがでしたか?」と感想を聞くと、冷めた目で私を見つめ、

しかも少し怒りをこめて答えました。

「うざくて、触られるのがいやだった。トントンされて気持ち悪かった」

母親役の人に対する配慮もありませんでした。

また、彼女は人の話を聞こうとはしませんでした。「〇〇さんは、すごいね」と誰かをほめることもありません。

いつも堂々とした明確な言葉で語り、出来ている自分を認めてもらうために、自分を表すことに懸命な様子でした。

彼女は、その場にいる誰にも心を開かず、誰にも関心がありませんでした。

私は、「彼女は〝今〟にいない」と感じました。

彼女の頭の中は「過去の自分の悔しさを晴らしたい」「（幼少期のように）人に馬鹿にされたくない」「将来、すごいね、と認めてもらいたい」といった、過去の思いや未来の不安に支配されていました。

馬鹿にされないためにどうしたらいいか、人から認められるためにどうすればいいか、ばかりを考えて戦略的に動いていたのです。

過去の悔しさや未来の心配から心を解き放ち、今を生きることができれば、目の前の人生を楽しんだり、喜びを感じたり、一緒にいる人に関心がもてるはずだと私は考えました。

心を開きたいなら、好き嫌いではなく、事実だけを受け入れる

そこで、彼女の心を開くために、

「人と話すときには、相手が言っている内容に反論せず、客観的に見て、相手を受け入れる練習をしてください」

と伝えました。

具体的には

①**感情**（好き嫌い、良い悪い）で見るのではなく、事実だけを受け入れる

②「**自分はこうだ**」という強い思いを完全に捨てる

ことをアドバイスしました。

しかし、彼女にとっては苦痛のようでした。

彼女は自分の感情が強すぎて、人の話を聞くと、すぐに感情が動いてしまいます。相手と自分を比較し、嫉妬し、心が乱れます。

「自分はこうだ」「○○はいやだ」という強い思いをポロリと言葉にしてしまいます。

私は感情が動きだしそうなときに、しずめる方法として次のアドバイスをしました。

感情をしずめる方法

・深呼吸をする

自分の感情が湧き上がってきたときや、嫌な気持ちになったときは、多くの人は息をしていなかったり、呼吸が浅くなったりします。

感情が湧き上がってきたときは、呼吸に集中して、5回〜10回深呼吸をします。

鼻からゆっくりと息を吸い、丹田（おへその下）に空気を溜めていくイメージでお腹を膨らませます。口からゆっくり息を吐くと同時に下腹部をへこませる腹式呼吸を意識します。4秒かけて息を吸い、2秒程度の間合いを置いて、8秒（吸うときの倍）かけて息を吐きだします。

腹式呼吸は、自律神経を整えて、全身の筋肉の緊張を緩ませる効果もあります。

いつもの自分の呼吸のリズムにゆっくり整えていくことで、心と体の緊張を解きほぐし、いつのまにか感情がしずまってきます。

・大地を意識する

緊張して不安の感情が出てきたときには、自分の膝に手を置き、自分の足を感じたり、足を置いている大地を感じると、心が楽になります。自分の存在を意識することで、本来の自分（不安になる前の自分）に戻ることができます。

今の意識にいると、過去も未来も気にならない

すぐに感情が動く原因は、過去の解釈や信念、未来に対する不安からきています。「触られると気持ちが悪い」のも、過去の解釈や信念がそう思わせているからです。

過去の解釈を断ち切れば、気持ち悪いとは思わないはずです。

私は、過去と戦わない、未来のために武装しない、ように伝えました。

目の前で起こることをなんでも過去の解釈や未来の心配と結びつけてしまうので、結びつけないように（感情を入れないように）、繰り返し話しました。

そして、「今の意識」の中にいるようにする。今の意識には、過去の解釈や未来の戦略がありません。無邪気な子どものような気持ちを保つ、ということです。

また、彼女に、

「会話で勝たなくていいですよ。ただ相手に関心をもって受け入れるようにしよう。結果や成果を気にしなくていい。まずは、人に関心をもって聞くことから始めましょう」

と伝えました。

彼女は、これができませんでしたが、あるときからできるようになりました。きっかけは、受講生がほかにいると、クラスに集中できないし、体調もあまりよくない、という理由で、セミナーの3回目の受講をリアルから動画受講に切り替えたことでした。

人の目がない家で、セミナーの動画を見ると、まるでテレビを見るように、客観的に、何の感情もなく、人の話を聞けたそうです。

自分の感情を脇に置いて、受講生のクラスの様子を見ていると、誰かの気持ちを優しく受け止めて、自分事のように喜んだり、涙したりしている人たちの交流の姿が美しく「人はこんなにも、誰かに心を寄せることができるんだ」と感動したそうです。

そして、いつも湧き上がっていた、仲間に対する競争心、絶対に勝ちたいという感情がふっと消えたそうです。私が繰り返し話したことがストンと腑に落ちました。

人前で泣いたことがない彼女が、ある詩が心に響いて涙しました。

それは、アメリカの作家オグ・マンディーノの詩の一節です。

「自分の恵みに感謝しなさい。
自分のかけがえのなさを主張しなさい」

（オグ・マンディーノ『この世で一番の奇跡』ＰＨＰ研究所）

このときに、次のような感情が出てきたと話してくれました。

「私は、人の気持ちを想像することをしてこなかった。悔しさから、自分が勝つこと、自分をわかってもらうことにしか興味がなかった。私は誰も信じることがなく、誰にも感謝することをしてこなかった。自分の肉体も憎んでばかりだった。過去の出来事に悪態をつき、明日の未来も信頼していなかった」

彼女は、ここから変わり始め、人に対する表情が和らいで、優しい言葉をかけられるようになっていきました。

講座から半年後、彼女は、人の話を聞き、人と関わることで愛を感じるようにもなりました。

身も心も軽くなり、ひらめいた「ダンスするように生きる」という言葉を、残り少ない自分の人生のキャッチフレーズとしました。

さらに、「イカレたばあさん、イケてるばあさん、古希に向かってはじけています」のキャッチコピーで、笑いヨガや元気な占いカウンセラーとして活動しています。

今の彼女の口癖は「人生は楽しいよ」。ただ笑いあい、喜びの時間を共有することが楽しいそうです。

「見せかけの愛なんて信じない」と言っていた当時の本音は、ただ愛されたかっただけだったと感じているそうです。自由に愛情を表現できるようになった今は、傷つくことを恐れて、逆に人を傷つけてきたことが悔やまれるそうです。

でもその体験があったから、今この瞬間の幸せを実感できます。「ようやく自分を癒すことができました」と彼女は笑います。

さにわ力（りょく）

意味

本物を見極める力のこと。古神道で最も大切な知恵。個人の認識に惑わされず、偏らず、高い心の視座で、調和を図る力。物事を見極める洞察力。

さにわ力のある人は真の愛ある人になれる

古神道に、審神者（さにわ）という概念があります。

神社では、神主さんがシャーマン役（神様と交流する人）で、巫女さんに神霊（神の御霊（みたま））を降ろし、神の言葉を聞く神事が行われることがあります。

このとき、神主さんが質問をし、本物の神霊かを見極めていきます。見極める側の人を審神者（さにわ）といい、見極める力を「さにわ力」といいます。わかりやすい言葉に言いかえると洞察力に近いです。

自分が現実に見えている世界においても、自分が感じたり、思ったりしている心の世界においても、何が本質なのかを多方面から客観的に見抜くバランス感覚が大切です。

さにわ力とは、本質の道理を見抜き、最良な結果を導くために判断する知恵が問われます。

さにわ力のある人は、大きな心の器で、相手を思いやることができるので、真の愛ある人になれると私は思っています。

ところで、なぜ、「さにわ」というのでしょう。

清らかな空間にしか神様は降りてきません。神霊を招き降ろす場所を沙庭（さにわ）（「清庭」とも書く）といいます。

転じて、神のお告げを賜る仕事をする人のことを審神者（さにわ）と呼ぶわけです。

Yさん（40代・女性）の場合

さにわ力で家庭内調和を取り戻し、大ケガを乗り越える

前項でお伝えしたように、人は、過去の信念、過去の物の見方、過去の認識にとらわれて生きています。

「前にお母さんにこう言われた。だからこう思う」

「前に先生にこう言われた。だからこうする」

のように、過去に支配されて行動を決めています。

過去にとらわれていると、大事なことを見落とします。

常日頃から、自分の中の過去の概念にとらわれず、偏らない高い視座をもって、調和した考え方を持つことが大切です。

そのために必要なのが、調和したものの見方、物事を見極める洞察力であり、古神道で

大切にしているさにわ力です。

Yさんはメイクアップアーティスト。

家族にとっての幸せを見極めて、家庭内調和を取り戻して、しかも、大きな怪我を乗り越えて、迷うことなく納得する人生を送るために挑戦し続けています。

彼女はロンドンを拠点に国際舞台で活躍していました。ご主人はイギリス人の音楽家で4歳の娘さんと3人で暮らしていました。

2019年11月、娘さんが小学校にあがる前に、日本の生活を体験させたいと、愛媛県の実家に戻って、両親と同居を始めました。

ご主人は、日本に帰国することに消極的。子育てと仕事の両立にも悩み、夫婦関係に溝が広がりつつある時期でもありました。

両親は元々国際結婚に反対でした。父親は礼節を重んじる昔ながらの男性で、同居を始めると、些細なことで家族が大ゲンカになりました。

あるとき、父親に「おまえら、帰れ」と怒鳴られたのをきっかけに、Yさんたちは実家を離れ、愛媛のほかの場所に3人で引っ越しました。このとき、信頼していた母も味方をしてくれず、Ｙさんは両親を許せないと絶縁を決めたのです。

新型コロナウイルス感染症が世界的に流行して、イギリスに帰れなくなり、ご主人は日本で英会話の先生をすることになり、収入も不安定になりました。Ｙさんの仕事も激減してしまいました。

親友の助言で「家族は自分の土台」と気づく

親と絶縁して5ヶ月が経った頃、アメリカ人の親友が、

「あなたが悪くないとしても、親に謝ったほうがいい。ご両親はあなたの根っこの存在。家族は自分の土台だよ」といわれて、お母さんに謝罪のメールを出しました。

孫に会いたい両親の気持ちを察して、夫と子どもだけ実家の両親に会いに行かせました。まだＹさんには、両親と顔を合わせる勇気がありませんでした。

いろんなことがうまくいかなかったＹさんは、夫や親に対して不満や怒りを持っていました。頭ではわかっていても、自分をどう動かしていいか、わかりませんでした。

「このままでいいはずがない。何とかしなければ」と模索していたときに、Facebookでたまたま私が投稿した1分動画を見て、「この人だったら私を変えてくれるかも」と直感的に思ったそうです。

講座を受講し始めたYさんは、周りの人や私の話を聞き、課題に真摯に向き合っていくうちに、客観的に出来事を受け止められるようになり、気持ちを変えることができました。この変化の源は、講座の教えに従って洞察力を磨いたことでした。

それによって、今まで当たり前すぎて見えていなかったことが見えるようになり、感情的にならずに、相手の状況や気持ちを見極められるようになりました。

洞察力を磨くには事実を見る練習が有効

洞察力を磨く方法として、私がいつもお伝えしているのは、「事実と真実を分けて見ていく練習をすること」です。

事実はひとつですが、真実はみな違います。

・事実……起こった客観的なできごと。

・真実……嘘偽りのないこと。人によって見え方が異なる場合がある。

・同年代のBさんにとっての真実「同じくらいの年齢かな」

・30歳のAさんにとっての真実「お母さんと同じくらいの年齢かな」

《例》事実……50歳の女性がいる（写真がある）。

20年後、この50歳の女性の写真を見たAさんとBさんの認識は変わるでしょう。

つまり、自分の状況や環境、感情によって相手の見え方は異なります。

状況や環境、感情が、目を曇らせてしまうからです。

曇りのなき目線で相手の背景まで深く見ること、自分の見え方にとらわれず、客観的に見ていくことが大切です。

そうすることで、さにわ力（洞察力）を培うことができます。

相手の言葉や行動、見た目だけでなく、背景を理解する

ポイントは、**相手の背景や育った環境、気持ちを客観的に見ることです。**

他の方の具体例をお話しします。

「姑が大嫌いで、本当に腹が立ちます。若い頃に自分の夫を亡くして、ひとりで一生懸命働いて子どもを3人育てたのですが、本当に口うるさくて。しかも私の夫は姑の肩ばかりもちます」

と嘆く女性がいました。

聞けば、お姑さんは、結婚後わずか数年で夫（女性からすると義父）を亡くしました。

私は、こう問いかけました。

「そうなんだね。お姑さんのご主人が亡くなったのは、お姑さんが何歳のとき？」

「20代のときだったと聞いています」

「20代の時に旦那さんを亡くして、3人の子どもを育てるのは、もしあなたが同じ立場だったらどう思う？」（お姑さんの背景）

するると、その女性は、

「あっ」

と気がつきます。私は、

「旦那さんを20代で亡くした女性の長男があなたのご主人。『お母さんを助けてあげたい』という思いやりがあって、いまでもお母さんの肩を持ちたいという気持ちがある。それはどう思う？　そうやって、お母さんを支えることで、彼は存在意義を発揮していたのかもしれないね」（女性の夫の背景と気持ち）

「お姑さんも苦労してきたね。また何かを失いたくないから、心配や責任感が強くなったのかもね」（姑の背景と気持ち）

と言いました。すると、彼女は泣き出しました。

家族との関係改善のために、ゴールをイメージして目標を設定し、期限を決める

もうひとつ、家族と良い関係を築くためにＹさんに伝えたのは、**心を開いて、しっかりとゴールをイメージし、明確に目標を設定する**、ということです。

Yさんは、

- **親と仲直りして、自分の土台をしっかりと築く**
- **夫との関係、親との関係において、より良いハーモニーを生み出す**
  (互いを尊重し、信頼し、調和した、心地良い和らいだ関係を築く)
- **ありのままの自分になる（心で思っていることと言葉と行動を一緒にする）**

という目標設定をしました。

ただ「仲直りする」では、いつまでも仲直りできません。自分が変わらなければ、また同じ気持ちを繰り返してしまうからです。仲直りすることで、何を手に入れたいのか、それによって、どんな感情をお互いに味わいたいのでしょうか。お互いの気持ちを乗り越える方法を手に入れることが、最終的な目的地です。

「仲直りして、自分がどうなりたいのか」までイメージするのが大切です。

本当は仲直りしたいのに、何も行動しないのは、心（内側）と行動（外側）が一致していない証拠。Yさんは、内側と外側を同じにすることを目標にしました。

いつまでに目標を達成するのか期限も設けます。

いつまでに親と仲直りするのか、いつまでに夫や親との関係によいハーモニーをもたらすのか。

期限を決めることで行動しやすくなります。期限は自分との約束です。この約束を守ったときに、「自己信頼」が高まる、という恩恵もあります。

できるところから行動に移せばいい

目標を設定したＹさんは、できるところから行動に移していきます。

それは、講座で「闇と思って自分が切り捨てていたところに向き合いましょう」という授業でのこと。Ｙさんにとっての「闇」は、８ヶ月絶縁中のお母さんです。

覚悟を決めて、

「お母さんに会いたい。会ってもらえますか？」とメッセージを送りました。

承諾が得られ、会うことになりましたが、対面する直前まで心臓が張り裂けるほど緊張しました。

しかし、会うと緊張は瞬く間にゆるみました。

お母さんが満面の笑顔で、

「元気そうで本当によかった」

と喜んでくれたからです。

Ｙさんは涙が止まりませんでした。

嬉しさに加え、寂しさに襲われたのです。いつもヘアカラーをして、おしゃれだったお母さんは、８カ月会わない間に髪が真っ白。その変わり様に、お母さんと過ごす時間は有限であると気づいたからです。

一緒にご飯を食べながら、お母さんは何度も

「あなたの笑顔が見られて良かった。あなたの元気な顔が本当に嬉しい」

と繰り返し、

「私はあなたが、本当にこんな素晴らしい子（孫）を育ててくれたことに感謝しているの。あなたの良いところは素直なところ。一生懸命に、母親になろうと努力してきて、いい子育てをしたね」

とほめてもくれました。

お母さんは自分を信頼してくれていたし、自分はやっぱりお母さんのことが大好きだとあらためて思いました。

それまでは、表面的な感情や相手の嫌なところばかり見ていたけれど、これからは、両親や家族の良いところを見抜いて幸せにする。これからは、見えないところこそ洞察する、と決めました。

浮気をした夫が涙した妻の言葉とは

母との和解直後、再び、Ｙさんの心をざわつかせる事件が起きました。

イギリス人のご主人の浮気が発覚したのです。

Ｙさんは、怒り、許せないと思ったそうです。一方で、自分の心をしっかり持ち、ご主人の心を洞察したそうです。

イギリスから言葉の通じない外国に来て、実家で一緒に暮らしてくれて、一生懸命自分に合わせてくれた。そこには、苦しい想いも寂しい気持ちもあったはず。自分は彼の中にある寂しさに気づいてあげられただろうか。

Ｙさんは、毎日神社へ行って、手を合わせながら、自分の心と向き合いました。自分は、本当はどうしたいのか、離婚したいのか、彼といたいのか。

出した結論は、「恨むより許そう」でした。

そして、彼にこう言ったそうです。

「いろいろあったけど、もう何も思っていない。あなたの良いところを、私は100個だって言ってあげられるよ」

次々と彼の良いところを挙げていくと、彼が号泣しだしました。

その姿を見て、温かい気持ちになりました。

人を許すことは自分を許すこと。自分の心次第で、自分を癒すことも人も癒すこともできる。本当の癒しは自分の生き様を見せることだと実感したそうです。

「心の勉強を通して、夫と家族との調和、在り方を問われ続けた4年間でした。心のわだかまりの氷が溶けるように、家族の関係性は再生し、ありのまま生きられるようになりました」

と彼女は話してくれました。

すべてがうまく回り始めた矢先、Yさんに新たな試練がもたらされました。

培った洞察力で命の危機を抜け出す

それは、講座を卒業し2年経ったときのことです。

Ｙさんは、ガスコンロから化繊の服に火が燃え移り、左腕から背中にかけてⅢ度熱傷という深いやけどを負ったのです。命の危険にかかわる大やけどでした。

運ばれた病院に、たまたま火傷治療の名医がいて、命が救われました。

ベッドの中で、呼吸すること、血液が流れていること、心臓が鼓動を打っていることを感じ、生きていることの幸せを知りました。


洞察力を身につけていたＹさんは、自分の身体と会話しながら、治療法を見極めていきました。

食養生を心掛けて、積極的に身体を整えながら、極力、皮膚移植やステロイド剤を使わない選択をしたのです。そして、今の私なら外的治療を増やしても大丈夫と思った段階に合わせて状況を判断して、外部の意見も取り入れながら、最良の方法を見極めています。

医師に「今まで誰もしたことのないチャレンジだ」と言われましたが、結果がどうあろうと、自分で決めたことの責任は自分で取る。大きな痛みと覚悟をともなう決断でした。

身体の声に従った今、傷痕は残らずきれいに治りつつあります。

治療はまだ続いています。身体の痛みはありますが、医師や看護師、みんなが気にかけケアしてくれています。そして、笑顔が痛みを和らげることも身をもって知りました。

「心が痛い時の辛さにくらべれば、苦しくはありません。それに、闇の先には、必ず光があると今は信じられるから」

身体とも痛みとも、正面から向き合うYさん。光の方向に向かって歩み続けています。

さにわ力を大切にしている理由

古神道は、「神ながらの道」（人為が加わらず神の御心のままに生きる道のこと）です。教祖も経典も教義もありません。

強いていえば、あるのは、「天地自然の道理」の法則です。大自然の営みの中で自然を敬って生きる知恵や道理を見つけましょう、ということです。

いずれも目に見えない世界のことです。常に自分を育てていないと、見えることばかりに目が行き、見えない世界のことを見失ってしまいます。

見える世界の顕在意識が、doing（行動）とするならば、見えない世界はbeing（在り方）です。神道では、「自分の在り方」がより大切です。

常に、客観的視点で「道理」（行動の指針）を決める必要があります。

客観的視点をもつときに役立つのが、さにわ力です。

人は、見たもののイメージが広がります。良いところ、意図したところを見ることで、いつの間にか、否定的な見方が消えていきます。

「私、なんであんなに怒っていたんだろう」と気づくのです。

そのときに「こうしなさい、ああしなさい」と指示をすると心が重くなります。やるべきことは存在承認です。

私は、自分のさにわ力をフルに生かし、その人が自分でわかっていない良い点を見つけ、

「あなたはこんな素晴らしさがあるよ。ここを伸ばしていったらすごいよ」

とどんどん伝えていきます。すると、

「自分が知らない良いところを、こんなに見てくれる人と初めて会った。自分以上に私を信頼してくれている人」

と言ってくださいます。それは、私が、さにわ力を大切にしているからに他なりません。まだ形になっていないその人の存在の素晴らしさを常にみている（洞察している）からです。私だから特別にできることではなく、誰でも、洞察力を身につける練習をすれ

ば、できるようになります。

ちなみに、私は札幌のサロンを清庭(さにわ)サロンと名前をつけています。自分にとっては清浄な心でいる場所であり、来る人にとっては淀みのない自分に返るために自分を見つめる場所でありたい、という願いを込めています。

第2章 心の解釈を変える

人間関係編

お天道様が見ている

意味

「お天道様」は神様や太陽、自分の中の神様を表す。誰が見ていなくても、神様や太陽が見ているし、何よりも自分が見ている。誠実に努力していれば、黙っていても神様から愛される。

お天道様や自分の目を意識すると生きざまや人生の選択が変わる

どんなことを考えて、どんなことを選び、どんな行動をするのか。

誰が見ていなくても、お天道さま（＝神様）が見ているし、誰よりも自分がすべてを見ています。

お天道さまや自分の目を意識すると、生きざまや人生の選択が変わってきます。いつも天を意識して、人生に責任を持って、出来ることを最大限に行い、知恵を発揮して生きる。そうすることで幸せな気持ちで発展していきます。

天地自然の道理にかなった生き方をして、社会の中で誠実に努力している人は、黙っていても神様から愛される存在になります。自尊心をもち、自分を大切にする。自分を責めるのをやめて自分を許す。すると、自分の失敗に対しても寛容になり、心のゆとりができ、幸せに生きられます。

Hさん（40代・男性）の場合

弱視のハンディを乗り越え、自分に誇りを持ち、役立つ喜びにあふれる日々

生まれた時から弱視だったHさんは、いつも人の目が気になり、馬鹿にされることを恐れていました。そのため、負けず嫌いな性格を形成していきました。

小学生の時から黒板の字はすべてぼやけていて読めませんでした。しかし、見えないとは決して言いませんでした。読めていないから、授業についていけないこともあり、小学校、中学校時代は壮絶ないじめにあいました。

その上、母親は自分に対して冷たいと感じていました。関心は妹に向けられていて、妹は可愛がられていました。

自分に対してはいつも否定的な発言で、受け入れてもらえない、わかってもらえない感覚がありました。人生は修行、弱音を吐いたら負け……。そう思って生き抜くことで必死でした。

小さな時から機械が大好きだったHさんは、長じて自動車の整備工になりました。しかし、細かい作業をするうちに、弱視だった目がさらに見えづらくなっていき、失明する恐怖に駆られるようになりました。

ある時、主治医から「鍼灸師という道がある」と教えられ、30歳手前で、一念発起。3年間専門学校に通って鍼灸師の資格を取得しました。

以来10年間、札幌の有名院で修業をし、指名率トップをキープできるまでに腕を磨きました。

「早く、的確に、効率的に」といつも自分を追い立てるクセがあった

プライベートでは、保育士の女性と結婚し、2人の子どもにも恵まれ、家も購入。順風満帆に人生を送っているように見えましたが、心のどこかでいつも「このままではいけない」「もっと頑張らなくてはいけない」「より早く、より的確に、より効率的にやらなくては」と、自分を追い立てる感覚がありました。

妻とはお互いを思いやってはいましたが、本音を口にすることはありません。波風を立てないように過ごすうちに、相手の本心が見えなくなっていました。

母親や妹に会うのは億劫で、「長男なんだから」と言われて、義務として盆暮れに食事を共にするだけの関係になっていました。

やがて、すれ違いが原因で、妻のCさんは離婚を考えるまでになり、答えを出すために、私の講座を受講し始めました。

Cさんはみるみる変わり、それまで聞いたことがなかった胸の内を話してくれたり、行動的になりました。本当にやりたかった保育を実現するために動き出し、森の中で子どもたちを自由に育てる「森の幼稚園」を自分が園長となり開園するまでになりました。

かつてのCさんは、人に関わることを恐れ、いつも小さな声で遠慮がちに言葉少なにしか語りませんでした。しかし、人が変わったように、雄弁に夢を語り、周りを巻き込みながら、不可能を可能にしていきます。その姿に胸を打たれ、「自分も変わりたい」とHさんも受講を決めました。

ほとんどすべての人が「人の目を気にして生きている」

受講して驚いたのは、ほとんどすべての人が「人の目を気にして生きている」「生きづらさや苦しみを抱えながら人生に向き合っている」こと。

ハンディを背負った自分だけではありませんでした。

講座では、全員が自分の心の中にある本音を語ることにチャレンジし、それを優しく受け入れます。自分にもそんな仲間ができたことが、彼の心をゆるめていきました。

私が講座でお伝えしていることの中で、Ｈさんが最初に始めたのは、「自分を許すこと」です。Ｈさんは、

「キッチンに洗い物をためず、すぐに洗う」

「部屋が散らかっていたら、すぐに片付ける」

「〇〇時までに、〇〇を終わらせなければならない」

など、自分の中にあった「〇〇しなければならない」に、いつも縛られていたことに気がつきました。

「〇〇しなければならない」をやれない自分も、やらない妻のことも責めていました。思ったとおりに片付いていないと不機嫌。妻としばしばケンカになりました。

同時に、それは母親の口癖であり、その期待に応えなくてはならないという思いで、人生を作ってきたことに気づきました。

Hさんの母親も忙しい母親（祖母）に代わって、小学生の時から家族のご飯を作っていたそうです。誰も頼れなかった母親は、「人なんて頼ったらダメ」「人は困っても助けてくれない」それが口癖だったそうです。

Hさんは、子どもの頃から「ハンディを持ってどう生きようか」焦る気持ちで、自分に頑張ることを課してきたそうです。

ちなみに、頭で「～しなければならない」（have to）と考えるより、心で「こうしたい、こうなりたい」（want to）と未来の明るいイメージを抱くと、より自分のやる気を引き出し、生産性（※）が高くなることがわかっています（※756倍　ハーバードスクールとTPI〈コーチング機関〉の企業調査調べ）。

自分を許すと生きるのがラクになる

Hさんは、自分の中で重視してきた「どれだけ効率的か」「どれだけ成果を出せるか」「どれだけ人から認められるか」を意識的に一旦手放すことにしました。

キッチンの中に洗い物があっても気にしない、部屋が散らかっていても気にしない、時間に追い立てられず、ゆっくりやってみる……。

やってみると、「案外平気」なことがわかりました。

妻にも強いることをやめ、「お互いに良いタイミングでやる」に意識を変えていきました。

以前は「できない自分を許せないからやる」ことが多かったのですが、意識を変えてから、「洗い物をして気持ちがいい」「きれいに片付いてすっきりした」とできた自分に喜びを感じるようになりました。

自分を許し、「気分がいいことをやる」にフォーカスすることで、幸せを感じられるようになってきたのです。

なぜ、自分を許し、気分がいいことにフォーカスして行動すると、幸せを感じるのか。

端的にいえば、**お天道様（神様）が見ているから**です。

人間は神様から御霊（みたま）（神霊）を分けていただいています。御霊が喜ぶことをすれば、自ずと幸せを感じます。他人をだますことができても、自分の御霊はだませません。

自分の中の御霊が見ているから、**心地悪いことは自分がいちばんわかる。**

自分の中の御霊が見ているから、**心地良いことも自分がいちばんわかる。**
自分を許せないのは、神様を許さないのと同じこと。
自分を許せないから、他人を許せない。
御霊は素直ですから、心地よいことに幸せを感じます。
御霊は窮屈さを嫌います。
御霊（神様）は自分を許す人の味方です。

自分を許すとは「失敗してもいい」「力を抜いていい」と自分に許可を出すことです。
自分を許すポイントは次の５つです。

心を楽にしたいときに「自分を許す」ポイント

- 自分を責めるのをやめる。
- できない自分も許す。
- 「何者かにならなくていい」と許可を出す。
- 「どんな自分でもいい（ありのままでいい）」と許可を出す。
- 「自分は自分でいい（人と比べなくていい）」と許可を出す。

思いを伝えるときは相手が受け取りやすいカタチにする

Ｈさんにもう一つ大きな変化がありました。宿題の「大切な人に思いを伝える」にチャレンジしたのです。Ｈさんはお母さんに思いを伝えることにしました。

そこで、思いを伝えるときのポイントをお話しました。基本は、「相手の受け取りやすいカタチにして手渡す」ことです。ハサミを相手に渡すとき、刃先を向けると相手は受け取りにくく危険です。でも、ハンドル部分を向けて渡すと受け取りやすく安心します。

言葉（思い）も同じです。相手が受け取りやすいカタチにして手渡します。

思いを受け取りやすいカタチにするポイント

①自分の気持ちを話す時に、許可をもらう。

《例》「私の感じていることを伝えていい？」

②相手の境界線（自分と他人を分ける、目に見えない境目）を尊重する。

《例》「いつだったら、お話できる？」

相手のよいタイミング、空間、時間を大切に思いやる。

③感情が出てきたら、仕切り直して（うやむやにしない）、思いを伝える。

《例》「さっきは、怒ってごめんね。〇〇〇が言いたかったの」

感情が出てくるのは悪いことではない。そのままにしないことが大事。

④相手が受け取ってくれても、そうでなくてもOKとする。

感情に干渉されない優しい言葉で、丁寧に伝えられたら、それでいい。

相手が受け取らない場合でも、自分が丁寧に伝えられたら、それで良しとします。大切なのは「伝えられたこと」です。

Hさんもお母さんに受け取りやすいカタチにして、小さい時に思っていたこと、感じていたこと、言えなかったこと、わかって欲しかったことを電話で伝えました。

お母さんは「そんなこと今さら言ってどうするの！」と言って、話半ばで電話を切ってしまいました。

しかし、Hさんは、言えなかったことを「自分はこんな思いでいた」と言葉にして手渡せました。お母さんに思いを伝えられた、という自信がHさんを大きく変えました。

鍼灸院にお母さんと似た強い主張をするタイプの患者さんが来ると、苦手意識がありました。そのため、無意識的に拒絶し、無言で施術していました。

お母さんに思いを伝えたあとは、平常心で接することができるようになったのです。

売上ではなく、「一生懸命な仕事」を意識したら、お客様が増えた

受講をしながら独立も果たしました。自分の鍼灸院を持ったのです。

オープンの時期は、コロナの非常事態宣言と重なりました。物流が止まったために、入ってくるはずだった資材が入らず、ベッドだけのスタートでした。

オープンからまもなく、お母さんが予約もなく、鍼灸院を訪れました。

マッサージをしてあげると、「すごく気持ちが良かった」とほめてくれました。

初めて自分を受け入れてくれました。

Hさんは「とても心が満たされた」と言います。

その後、友だちを紹介してくれたり、友だちと一緒に訪れたりして、応援してくれました。お母さんは、しばらくして病気で他界されましたが、Hさんとしては、最後の日々を穏やかに過ごせたことで、悔いは残りませんでした。

鍼灸院を開業して3年。口コミと紹介だけでお客さんは増え続けています。以前はお金の心配や売上にこだわっていましたが、今は目の前の患者さんを幸せにすることにだけ集中しています。

一生懸命施術することで、お客さんに彼の真心が伝わるのでしょう。講座に通うようになってから、患者さんの話に集中できるようになり、どこに手を置いたらいいか、どう治療したらいいかが自然と感じ取れるようになり、手がひとりでに動くと言います。

自分が得意な施術に集中することで、誰かの心と身体が軽くなり、貢献している。「先生と話していると心が軽くなる」と言われることもあり、そんな日常は、喜びにあふれているそうです。

仕事以外では、趣味のアマチュア無線の国際ライセンスの取得を目指したり、Youtubeチャンネルを開設してフォロアーとつながったり、ラジオパーソナリティーとして活躍したりと、趣味にも生きがいを感じています。通学した盲学校にも教えに行っています。

妻は最大の理解者であり良きパートナー。本音を語り合いながら、お互いを支え、励まし合い、切磋琢磨できる心地よい関係です。

今の充実な日々が続いているのは、**完璧であること、できないことを手放して、得意なこと、好きなことを極めることに集中しているから。**

そして、何よりも、「自分の生き方は自分が見ている」といつも思っているからだと、Ｈさんは満足そうに語ります。

人生には雪道のように、人がたくさん通った足跡の多い道と、人が通らない足跡の少ない道がある。人と同じ道を歩めなかったことを世の中のせいにしていた。でも今は、足跡の少ない道を自分なりに覚悟を持って歩んだからこそ、「自分を裏切らないで大切にする」生き方を見つけられたし、今の幸せがあるのだと心から信じられる、そう穏やかに笑うＨさんがいます。

魂(たま)振(ふ)り

意味

魂（たま・生命力）を振り動かし、強化することが神道の「魂振り」。霊魂に活力を与え、本来の霊性を蘇らせる。お祭りでお神輿（神様の乗り物）を振るのも、ご神体の霊威を高めて、一緒に魂を活性化して、本来の力を取り戻すため。

神様の前で覚悟を決めると、魂が動き自分の本来の力を取り戻せる

魂振（たまふ）りのタマは魂のこと。魂とは生き物の肉体に宿る生命の根源の力です。魂は動かさないと枯渇していきます。大変なことや困難に直面したとき、「よし、やってやる！」と覚悟を決めます。覚悟をすることで、魂は動きます。

覚悟がないと人は本気にならず、気が枯れます。気が枯れるは、「穢（けが）れる」「汚れる」につながります。魂振りは魂に活力を与えて、本来の霊性（すぐれた力）を蘇らせます。

お祭りでは、神輿を担いでワッショイワッショイと御霊を振ることで、神様の霊気を高め、神輿を担いでいる人も、共鳴して自分の魂を活性化しています。

定期的に神輿を担ぐことで、たまっていた迷いを払拭したり、枯れた気、エネルギーを復活させます。本来の自分の力を取り戻すのです。

日常生活では、自分が覚悟を決めて動くことが、魂振りにつながります。

「覚悟を持って自分の生命力を循環させていく」という気構えが大事です。

Sさん（60代・女性）の場合

覚悟の力で険悪だった母との関係性が良好に

あるとき30代の女性Rさんが、自分の母親Sさんを連れて、札幌の清庭（さにわ）サロンにやってきました。

悩みは、Sさんと実母（Rさんからすると祖母）の仲が悪いことです。80代の母は山口で畑仕事をしながら一人暮らしをしています。年に一度Sさんはご主人と一緒に、娘のRさんを連れて、山口に住む母親のところに遊びに行きます。

祖母は、孫のRさんのことをとてもかわいがってくれました。

Rさんも祖母のことが大好きでした。

しかし、Sさんと実母との関係は最悪。Sさんは自分の母親の目を見て話すことができないし、触れることもできません。

あるとき、Sさんがソファでうたた寝をしていたとき、母親がそっと毛布をかけました。すると、Sさんが反射的に「やめて！　私に触らないで！」と叫びました。

叫んだSさん自身が自分の闇の深さに驚きました。

Sさんは、子どものことも孫のことも幸せにしたいと思っています。しかし、母親のことは嫌いで、向き合うことができずにいました。

私はSさんに「どうしてお母さんを愛せないの？」と聞きました。

親孝行は神孝行と同じ

Sさんは、次の話をしてくれました。

「私が2歳の時に父が亡くなりました。母は昭和一桁の生まれ。自転車でプロパンガスの行商など力仕事で生計を立てていました。厳しい母で、まったく甘えさせてくれなかったし、私のことをわかってもらえませんでした。

だから、いまもどこかで母を許せないんです。電話をたまにかけてもいつも口喧嘩になって、途中で切って終わります。なぜか腹が立つんです」

あなたが小さいとき、お母さんはいくつだったの？　できなくて当たり前では？

私は、

「お母さんが自分をわかってくれたから、幸せにするんじゃなくて、親孝行は神孝行と一緒ですよ。見返りを期待しないで、親を幸せにすると決めて、お母さんに向き合いましょう。子どもや孫のことは幸せにしたいのに、なんでお母さんを幸せにするという覚悟がないの？」

と訊ねました。

Sさんは、できない、と言いました。

私は、Sさんに次のように諭しました。

「お母さんは、あなたが小さいとき何歳でしたか？　20代ですよね。なぜそこに思いを寄せないの？　まだ女性が自由に仕事を選べない時代に、力仕事をして、忙しくて寝る暇もないほど働いて、ひとり娘のあなたを育てた。あなたに寄り添いたかったけれど、食べさせるのが精一杯だったのでは？」

彼女は、しばらく黙っていましたが、やがて「私、変わります」と覚悟を決め、私の講座を受講するようになりました。

Sさんには、講座で次のことをお伝えしました。

・「でも」「だって」という口癖をやめること。
・感情が動くとき、ある程度のことは「まぁ、いいか」で受け流すこと。
・「歳を重ねたお母さんの限りある余生を」お母さんを神様と思って大切に接すること。
・まずは半年、お母さんに文句を言わないで向き合うこと。
・相手（お母さん）の話をじっくり聞くこと。
・神社に行って自分の覚悟を神様にお伝えしてくること。

「話を聞く」とは、表面的な言葉ではなく、相手の心の奥の声を聞くこと

Sさんはこれらを日常生活で少しずつ実践し始めました。

とりわけ「相手の話を聞く」ことを意識しました。

相手の話をしっかり聞くとは、相手の表面的な言葉をそのまま聞くのではなく、心の奥の声を聞くことです。

「あいつは嫌い」「気分が悪い」と言っている人を見ると、「人を嫌ってはいけないよ」「自分の生活態度を見直したほうがいいよ」と相手を正そうとしがちです。

しかし、大切なのは、相手の苦しさの奥を見てあげることです。

「本当はこうしたい」「こう幸せになりたい」という思いがあります。

そこを大事にしてあげる。正すのではなくて、この人はどうなったら幸せになるのかを見てあげるようにします。

私は人間の根本には優しさがあると考えています。

人を信頼できないのは、その優しさをまだ見出せてない自分がいるからかもしれません。だから謙虚になったほうがいいし、相手の話によく耳を澄ませたほうがいいのです。

相手は、もしかしたら、自分以外の人には良い人かもしれない。

自分がその人の「整ってないところ」を引き出してしまっている可能性もあります。

最終的に、わかり合えないとしても、自分が優しい気持ちで相手に接したことは、ほめられる行為です。自分で自分をほめてあげることができます。

Sさんにも、このことを繰り返しお伝えしました。

自分を嫌いなのは神様が分けてくれた魂を雑に扱っている証拠

Sさんは私のアドバイスに従って神社にも行きました。自分の願いばかり言わず、まずは神孝行を心がけることをお伝えしました。自分の開運を願うなら、まずは神様のご開運をお祈りします。

「神様のご開運をお祈り申し上げます。母も、子ども、孫も幸せにします。言い訳はしないで、周りの人に大きな心で慈愛を持って生き、太陽のようにまわりを見守ります」

と覚悟を話してきたそうです。

Sさんは、神様に約束して以来、言い訳がなくなりました。ある程度のことは「まぁいいか」で受け流すこともできるようになりました。

そして、自分を好きになっていきました。そもそも、**「自分を好きじゃない」のは、神様から分けていただいた魂を雑に扱っている証拠**です。

自分は大したことのない存在だと思っていると、「自分が変わってもどうにもならない。

だから、相手が変わって、相手に何とかしてもらおう」としてしまいます。

自分のことを好きになると、自分に何ができるかを考えるようになります。


たとえば、以前のSさんは、夫が「頭が痛い」と言ったら、

「お昼に変なもの食べたんじゃないの？　ちゃんとした物を食べないからダメなのよ」

と鬼の首を捕まえたような言い方をしていました。

つまり、ずっと、相手に「自分で何とかしなさい」と言っていたのです。


でも、今は、夫が「具合が悪い」と言ってきたら、「大丈夫？　しんどいよね」と一旦受け止めた上で、「じゃあ、何かお腹に優しいものでも作ろうか？」と、自分ができることを探して、相手に伝えられるようになりました。

しかも、自然に思いやりを言葉にできます。

感謝の気持ちが深まると神様とつながりやすくなる

神様の前で覚悟を決めると、感謝の気持ちも深まります。

Sさんは、それまでは、感謝の言葉を口にするのが苦手でしたが、いまでは「ありがとう」「おかげさまで」が口癖になりました。

お母さんとの関係も変わってきました。

お母さんも感謝の言葉を口にしない人でしたが、Sさんの口癖が移って、「ありがとう」「おかげさまで」というようになりました。感謝の気持ちが深まると神様とつながりやすくなります。

生きているうちに親孝行ができて良かった

Sさんは、お母さんが子どもやひ孫を見て喜んでいた顔をふと思い出し、私のことを愛してるから孫のことも子どものことも愛してくれているんだと気づき、その慈愛の心に涙が止まらなくなったそうです。

その後、Sさんのお母さんが病気になり、住んでいた山口で病院が見つけられなかったため、札幌の自宅に受け入れ、病院に連れて行ったり、お母さんに料理を作ったりして、徹底的に向き合いました。

病気が治ったあと、そのまま札幌で引き取ろうと思いましたが、お母さんは山口の畑が心配だし、地元で暮らしたい思いが強かったので、その気持ちを尊重しました。

いま、お母さんは山口の家の近くに良い施設を見つけて入居。Sさんは3か月に一度、会いに行って親孝行する生活を続けています。

Sさんは、

「お母さんが生きているうちに親孝行できて、関係性を変えられて本当に良かった。お母さんを愛せるようになったら、自分のことも愛せるようになり、心安らぐ日を送っています」

と喜んでいます。

お母さんも「毎日が極楽だ」と言ってくれるそう。

自分が本当に幸せになり、後悔しないためには、何が一番大事なんだろう。自分の命の価値を何に使ったらいいのだろう。それらを、見極めて、その達成のために覚悟を決める。それによって、自分が本来持っている力を取り戻せます。

Sさんは、覚悟を決めて自分の力を取り戻すことに成功した好例です。

「神人和楽」を目指す人は強運になる

神道で私が大切にしている精神のひとつが「神人和楽」という考え方です。

人は神様の分身で魂をいただいています。

人間は神様の子どもであり、万物は同魂と考えられています。

神と人が信頼しあって、それぞれ神の役目、人の役目を果たして協調、協同をしていくことこそが生きることです。


「神人和楽」とは、神と人がともに和んで楽しむ世界のことです。

「自分を生かす＝神様を活かす」こと。だから、神様に祈るときは、

「おかげ様でありがとうございます。神様のご開運をお祈り申し上げます」

と言います。


この世界で大切なのは、神と人が歩み寄って生きていくことです。

忘れがちなのは、「他人も神様の子である」ことです。他人を傷つけるのは、神様の子を傷つけるのと同じですから、やってはいけません。

神事（自然も含む）、他人事、自分事。この３つのすべてに愛をもつことが大切です。

日頃から、温かい慈愛の気持ちが自分にあるのかを問いかけましょう。

両親に親孝行をするように神孝行をする。

神孝行とは、自然を大事にしたり、自分の命、他人の命を大事にしたりすることです。

みんな同じように神様から同魂をもらっています。

周りの人に優しい気持ちで、できる範囲で小さな幸せ、小さな優しさ、親切にすることで神人和楽になる。

そういう世界を目指す人は強運になっていきます。

運がよくなる言葉の使い方を身につける

神人和楽の世界を目指すときに大切なのは、神が与えてくださった潜在的な能力を自分で引き出してあげることです。植物で例えると、せっかく神から与えられた分霊（わけみたま）という光の種に、水やりをしたり、お世話をしてあげないと自分を十分に満たしてあげられず、枯れてしまいます。神は、私たちに言葉という素晴らしい才能を分け与えてくださいました。それをどう生かすかは自分の言葉の使い方に大きく関わっています。

私たちの命が「大きな生命の樹」だとすると、神の愛は、太陽のような存在です。私たちを見守ってくださる大いなる愛であり、太陽のような温かな眼差しです。そして、言葉は水やりです。毎日、優しく自分や他人に心が成長する「力を与える言葉」を言うことで、自分でもまだ気がついていない自分の才能や慈愛の心を引き出すことができます。

日常で、自分の心を育ててあげることで、神様から頂いた御霊（みたま）が、より輝き成長を遂げていきます。自分を生かすことは神様を活かすことにつながります。神と人が信頼し合い、それぞれの役割を果たすためには、まず「自己信頼」を育てましょう。自分をさらに信頼することで、まわりの影響に惑わされず、自分の持っている情熱を引き出してあげられます。

ここでは心を強くし、運がよくなる言葉をお伝えします。

人に否定されたり、あるいは、自分で「私はだめだ」「私は価値がない」「私はこのままではいけない」と考えてしまうと、そこで立ち止まってしまいます。そう考えてしまったとしても、そのあとに、

「私はまだまだできる」「私はますます○○になります」と前向きに言葉を使うと、魂振りになって、運を向上できます。

大事なのは、自分を押さえつけないこと。逆に、「私はこんなもんじゃない」「私はまだまだやれる」と自分に言います。すると、自分ですらまだ見たことのない、力強さや良いところを発見できます。

自分へ明るく優しい言葉の水やりを心がけましょう。**言葉にして意識を向けることで、自分の潜在的な能力を引き出します。「力を与える言葉」で人生の意図する方向を好転させます。自己宣言してみましょう。**

運がよくなる言葉の一覧

生命力を引き出す言葉

- 私は母なる大地とつながっています。
- 私はますます活力に満ちあふれています
- 私は生きる喜びすべてを豊かさと共に受け取ります。

・私は愛を持って行動します。

自分の感覚を引き出す言葉

・私は自分の身体を慈しみます。
・私は自分の世界を創造する力があります。
・私はありのままの自分を愛しています。
・私は人生を楽しんでいます。

自己信頼を引き出す言葉

・私は自分の人生の主役です。
・私はやり抜く力をもっています。
・私は自分らしく人生を歩む自信があります。
・私は人生が上手く行くことを知っています。

慈愛力を引き出す言葉

・私は心の声に耳を傾けます。

・私は愛を受け取り輝きます。
・私は人生の喜びを味わいます。
・私が幸せになることでまわりも幸せにします。

内なる想いを引き出す言葉

・私は自分の想いを言葉にする力があります。
・私は素直な気持ちを思いのまま表現します。
・私は前向きな言葉で豊かな関係を築きます。
・私はいつも共にある神様を信頼します。

自分の知恵を引き出す言葉

・私は真実を洞察する力があります。
・私は何が最善かを知っています。
・私は聖なる可能性の扉を開きます。
・私はどんな状況でもすべてうまくいきます。

自分の本資の光を引き出す言葉

- 私は喜びと感謝に満ちあふれています。
- 生きとし生けるものすべてに感謝します。
- 私はすべてと調和しています。
- 私は完全に愛されて守られています。

神人合一（しんじんごういつ）の世界

意味

「神も人も根っこは同じ」という意味。別の言葉で言いかえると「万物同根（ばんぶつどうこん）」。古神道で大切にされている言葉。転じて、「自分も相手も根っこは同じ」の意味。自分を活かすことは相手を生かすことにもつながっている。自分が発火点となって生きていくことの大切さを表している。

自己犠牲をしない。自分を後回しにしない。我慢しない。

神も人もすべてはつながっています。

自分と周囲の人もつながっています。

自分を活かすからこそ、まわりが生きてきます。自分がすべての発火点、自分がすべての始まりである、という意識を忘れてしまう人が多いのです。

自分を後回しにしたり、自分が我慢したりしていると、周りの人にとっていいことにはなりません。

自分の行いや在り方を整えることで周囲にその在り方が反映し、子孫までつながっていきます。

自己犠牲をしない。自分を後回しにしない。ひとりで我慢しない。

自分が輝く人生を歩きだす。それによって、周囲が幸せに輝いてきます。

Sさん（50代・女性）の場合

家族の幸せのための自己犠牲の人生から脱却。自分を生きる

Sさんは、家族を幸せにすることを優先して、自分を後回しにし、自己犠牲していました。

その言動が子どもを悲しませ、生きることの楽しみを見出すことさえ、奪っていました。子どもの不調の原因が自分にもあると知り、生き直しをして、子どもと一緒に人生の喜びを学び直し、心から笑えるようになったお話です。

感情を押し殺して生活する窮屈な日々

Sさんは両親の愛情を受けて育った一人娘でした。言葉遣いも丁寧で、気遣いもある優等生タイプ。温泉地として有名な地方の老舗旅館の跡取りと結婚して以来、20年以上旅館の女将として働いてきました。

2人の子宝に恵まれましたが、義理の両親とは仕事も自宅も一緒。いつも大女将である

姑の目を気にしてきました。

家族経営の旅館に休みはなく、土日祝日、年末年始など、人がお休みの時は特に大忙し。結婚して以来、近くにある実家にさえ、ゆっくり帰省したことがありません。

実家の両親は「嫁いだ先でしっかり頑張りなさい」「連絡を取るとご迷惑になる」と、電話も遠慮して遠くから見守ってくれています。

子どもたちと親子だけで出かけることは数える程度しかありません。旅行に行こうとすると、義理のお母さん（大女将）が、「私はどうするの？　私も行くわ」と言ってきます。

大女将と女将が一緒に不在にするわけにはいきません。

結局旅行も子どもたちの入学式や卒業式もあきらめざるを得ませんでした。

ご主人とは仲が良いものの、誰も旅館を切り盛りしてきた大女将には逆らえません。

常に嫁の立場をわきまえて、口答えせず、波風立たないように感情を押し殺して淡々と暮らすしかなかったのです。

娘が元気になるなら命を差し出してもいい

講座の卒業生の紹介で、ＳさんがＺＯＯＭ相談を申し込んできたのは、３年前の１月でした。

成績優秀で容姿端麗、なんでも頑張ってきた高校生の次女Mが、突然不登校になった上、自傷行為を繰り返している。どうすればいいかわからない、と困り果てた顔で言ってきました。そして、こうも言いました。

「私のことはどうでもいい。次女のMが元気になるなら、私の命を差し出してもいいんです」

私は少し強い口調でSさんを諭しました。

「大好きなお母さんを悩ませていることで、いま一番苦しんでいるのはMさんですよ。その言葉を聞いたら、もっと深く傷つきますよ」

Sさんはしばらく黙り込んだあと、次のように話しました。

「旅館のために長年耐え、何が楽しいのか、自分が本当はどうしたいのか、何も考えが浮かびません。私が頑張ることで、みんなが幸せになるなら、それでいいと思っています」

精神的な芯の強さが垣間見えました。

しかし、その強さゆえに、弱音を吐けない。

稼業の旅館を姑と切り盛りしながら、合間に家族の食事や洗濯、掃除をこなす。

求められた結果を出し続けるために頑張りすぎているように見えました。

次女のＭさんは、そんなお母さん（Ｓさん）の様子を見て「お母さんは何を楽しみに生きているの？　私、お母さんみたいな生き方はしたくない！」と言ってきたこともあったそうです。

変わるべきは不登校の娘ではなく母親自身

ひととおりお話をうかがったあと、娘のＭさんに、私のカウンセリングを受けてもらうことにしました。当時実施していた、引きこもりのお子さんに対する無料セッションです。

学校に行けず、単位が不足し、落第しそうになるＭさんを勇気づけ、Ｓさんと一緒に励まし、ときには学校の先生に相談に行くように伝えました。コロナ禍で在宅での勉強が許されたことや、理解ある先生に恵まれたことで、Ｍさんはギリギリの単位を取って、なんとか高校を卒業できました。

推薦をもらい関西の大学に入学もできました。

地方の両親の元を離れて、関西の大学に行く次女を心配し、

「何とか変わってほしい。落ち込まないようになってほしい」

というSさんに私は言いました。

「**変わるのはお母さん、あなたですよ**。何でも頑張り続けてきた娘さんのMさんは、成績が落ちないよう、人に嫌われないよう、完璧な自分であり続けることに疲れてしまった。人の期待に応えられない不安に襲われ、学校に行くだけで、ぐったりする。だから不登校になった。頑張り続ける先に何があるのか、目的がわからず、もがいていたんですよ、あなたみたいに」

はっとしたSさんに、私はこう続けました。

「生きる喜び、やりがいを見つけましょう。**自分ができなかったこと（人生を楽しむこと）を娘に期待するのではなく、Sさん自らが生きる幸せを実感して、その後ろ姿を娘さんに見せていきましょう**。お母さんが本当に変われば、娘さんも必ず変わります」

親子は根っこでつながっています。親が輝けば、子も輝きます。

子どもを輝かせる方法

①自分（親）が喜べる目的をもつ

Sさんの場合→家族を幸せにする。

②目的達成のために努力を楽しんでいる姿（背中）を子に見せる

Ｓさんの場合➡子どもと一緒に自分も楽しむ。

⇩

親の背中を見た子は、親同様に楽しむ行動ができる。

Ｓさんは、娘のＭさんの様子を見がてら、私の講座の受講もするために、月に一度、地方から大阪に通うことにしました。

「勉強のために大阪に通いたい」

結婚して初めてお姑さんに自分の意思を伝え、許可を得たそうです。自分のためにお金を使うのも、結婚してから初めてのことでした。

ところが、旅館や姑が気になり「日帰りする」と言います。

私は、せっかくだから、娘さんのマンションに1泊して、カフェを巡ったり、映画を観たりして、娘さんと一緒に楽しい時間を過ごしたら、とアドバイスしました。

自分を大切にする時間、自分を楽しませる時間を作ることが重要です。

月に一度は必ず、母と娘の楽しい時間を持ちながら、娘の気分が落ち込んで、大学に通えなくなってしまう時は、実家に連れて帰る。

丁寧に一緒の時間を過ごしていきました。Sさんは、

「いつの間にか心配するのをやめて、励まして、しっかり話を聞いてあげられるようにな
りました。そして、優しい言葉を娘だけでなく、自分にもかけられるようになりました」

Mさんも、

「今のお母さんが好き」

と言ってくれるそうです。

お姑さんと旅館の目指す目標について話し合えるようになり、その後「今のあなたたち
に旅館を任せます。好きにやっていきなさい」と言われるようにもなりました。
今は、自分の気持ちに向き合い、楽しむ喜びにも目覚めたそうです。

「自分との心の向き合い方を変えて、娘たちと今、生き直し、学び直しをしながら、
やっとリラックスして人生の喜びを受け止められるようになった。ただ頑張るより、今
を楽しみながら、やり続けることが大事ですね」と笑います。

現在の娘のMさんは、大学のダンスサークル部でコンクールに優勝したり、学生生活が楽しいと語っているそうです。６年間に渡り、悩んでいた過去が嘘のように、「毎日が楽しい」、「私は本当に恵まれている」といつも話すそうです。

個人セッションで「ピンチが来たら、面白がればいいじゃない？」と私に言われたときは、「出来るわけがない」と驚いたそうですが、２年が経った今は、「その意味がわかってきたよ、お母さん」とMさんは嬉しそうに伝えてくれるそうです。

Sさん自身も音楽や趣味を楽しみ、我慢ばかりで自分を表さない毎日から卒業し、表情豊かに微笑む姿は、今とても輝いています。

自己犠牲をやめて自分を輝かせる方法

人を活かすには、まず自分を活かすことが大切です。自分を活かすには、「自分を大切にする」「自己犠牲をやめる」「自分を優先にする」ことです。

ここでは、自分を活かすコツについてお伝えします。

●どんなときも自分の「存在意義」を否定しない

自分を活かすためにやることは、まず、自分自身をすべて受け入れることです。自分を受け入れるには、承認が大切です。

承認には次の3種類があります。自分と同じように相手も承認します。

人を活かす「3つの承認」

①存在承認
②行動承認
③結果承認

①存在承認

人は存在するだけで素晴らしいです。自分や相手（誰か）の存在を否定してはいけません。行動を反省したときも、失敗をしたときも、どんな時も必ずかけがえのない自分（相手）の存在意義は承認します。人格を否定しないで、自分（相手）をほめてあげます。

人は神とつながっています。自分も相手もけなすことは、神をけなすことにつながりますから、絶対にやってはいけません。

《例》

×「私なんか、どうなってもいい」

○「私は（あなたは）大切な存在。今のままで十分だよ」

×「今日は学校に遅刻した。自分はダメな人間だ」

○「そんなこともあるよ。明日は早起きしよう」

×「なにをやってもうまくいかない」

○「やり抜く力を持っているよ。やれることからやってみよう」

②行動承認

頑張って行動している自分や相手をほめます。上手く行かなかったとしても、行動したことをほめます。ほめることで疲弊せずに頑張れます。

《例》

×「遅刻したら、ダメじゃないか」

○「時間通りに行こうと努力していたね」

×「散らかしてばかりで、汚いな」
○「きれいにしたい気持ちが育ってきているよね。」
×「どうして出来ないの？」
○「昨日より出来ることが多くなってきたね」

③結果承認

結果をほめる。最高の結果でなくても、そこから学んで、自分を活かす次なる機会につなげる。期待通りの結果じゃなくても、知識や知恵に変える。一喜一憂しない。

《例》

×「テストで50点しか取れないなんて」
○「半分は出来ていたね。どこを学んだらいいかわかって次に生かせるね。」
×「先月より売り上げが下がるなんてありえない」
○「新規顧客は3割も増えて、向上しているよ」
×「失敗ばかりしてダメだ」
○「失敗しても大丈夫。すべての経験は自分の力になるよ」

厳しい人は、結果だけを重視します。しかし、どんな時も、相手のもつ良いところ、今後の可能性を引き出していく姿勢が大切です。

人のやる気を引き出すのは熱意です。良い指導者や親は、結果だけをほめないで、行動、存在を認めて、相手のやる気や熱意、切望を引き出します。

自分の指導者は、自分自身ですから、自分で存在承認、行動承認、結果承認をしましょう。

私自身、落ち込んでも必ず存在承認しています。「まぁ、今日はボケボケだったけど、まぁいいかぁ。また、あせらずやっていこう。」「今日はゆっくり眠って、自分にご褒美あげよう」と無意識にやっています。

畏(かしこ)みの心

意味
神を迎える心持ち。「畏み」とは、「おそろしさに」「恐れ多いので」の意味。「心の在り方」を整えて、謙虚に自分の行いや慎みの気持ちを忘れない。

神に通じる立ち振る舞いをするから、祈りも清められる。

浅はかな知識だけでは通じ合うことはできない。神は鏡のごとく、自分の行いを映し出す。相手に対する謙虚さや、敬いの気持ちを持ちながら、自らの内省を深めて、清明さを心がける。大いなる神や大自然に対する深い畏敬の念。

恐れ多い人に対して、素直な心で向き合えば、恐怖心はなくなる

身分の高い人や目上の人に対して、謹んだ態度を取るときに、「かしこまる（畏まる）」と言います。また、神社で祝詞を上げるときには、最初に「かしこみかしこみもうす」と言うことがあります。これは、「恐れ多くも神様にお伝えします」という意味です。

転じて、私流に「畏みの心」を解釈すると、自分にとって権力のある人や、恐れている存在、大いなる存在に対するときは、「率直な心と慎みと敬いの気持ちをもって伝えましょう」ということになります。

すると、恐怖心はなくなりますし、相手との関係が円滑になります。

Eさん（40代・女性）の場合

長年の恐怖心から解放され、険悪だった家族との関係が穏やかに

Eさんは、恐怖と向き合えず、怖がりで人と話ができないのが悩みでした。

仕事は、作業療法士でしたが、電話が怖く、患者さんに連絡するのに、30分～1時間、心の準備が必要でした。

1日10人くらいにかけなければいけないときは、1日がかりで電話をしていました。患者さんの状況をまとめるレポートも、「こう書いたら悪いんじゃないか」と悩み、1時間以上かかります。だから、仕事の効率が悪くて、とにかくそれだけで疲れて、事務仕事もできないと苦しんでいました。

数年間、心理学を勉強して、トラウマ療法などあらゆることをやりましたが、恐怖に向き合えません。

6歳になるひとり娘は、感情が激しくて嫌なことがあると暴れます。娘さんが怖いので、娘さんのご機嫌を取るばかり。完全に振り回されていました。

ご主人は成功した人ですが、お金の使い方にうるさく支配的で、Eさんが稼いだお金の使い方にまで命令をする。感情を爆発させることもあるので、ご主人のことも怖くて、言葉を発することができません。

Eさんは、表面上は家族を含め周囲の人に対してニコニコして従順でした。

しかし、心の内側では、「みんな早くいなくなってしまえばいい。子どもは早く成人してほしい。夫とは一緒にいたくない」と、どこか相手を受け入れられず、嫌悪感をもっていました。

Ｅさんのお母さんは激しい人で、３回結婚していました。

Ｅさんが、小さい時からお父さんがその度に変わりました。自分の幼い頃の思い出は、どれも熱い、寒い、痛い、怖い経験に紐づいています。

何か悪いことをしたり、母の機嫌が悪いと、外に放り出される。水を頭からかけられる。現代でいえば、虐待と呼べる扱いを受けていました。

「お母さんの言うことは絶対」と思っていた一方で、「お母さんを許せない」という嫌悪感を秘めていました。

Ｅさんは、

「こんな風に考えるなんて、もしかしたら、自分に問題があるんじゃないかしら」と苦しみ、打開策を見つけたいと、旦那さんに内緒で私の講座に通うことにしました。

相手への恐怖心を克服するには、人形を使って向き合う練習をする

私の講座では、生まれ変わりのワークがあります。

お母さんの子宮に入っていったときの体感覚を再現します。

Eさんもこのワークを行いました。

すると、お母さんを思い出したときに彼女は「産まれたくない。母の期待が重い」「この場にいたくない」と異常なまでに抵抗しました。

普段大人しい彼女が、感情をあらわにしたのです。

子どもは馬鹿にされて育つと、自分を表現できなくなる傾向があります。

Eさんは常に馬鹿にされてきた感覚がありました。

ワークによって、「馬鹿にされるくらいなら、従うフリをする。だけど、決して相手を信用はしない」と自分が考えていたことに気がつきました。そして、そこに自分の問題があることもわかりました。

Eさんは、お母さんと3年前にケンカをして以来ずっと会っていませんでした。

彼女にとってはお母さんは思い出すだけで、気が重い存在でしたし、会うことに恐怖を覚えました。

私は、「お母さんと会って、恐怖と向き合う練習をしたらどうですか」と伝えました。

しかし、お母さんに向き合う気にはなれないとの返答。

そこで、彼女は考えた末に、娘さんが所有していたリアルな赤ちゃん人形をお母さんに見立てて、今まで口に出来なかった言葉をかける練習を自ら実践しだしました。人形を通して、恐怖と向き合い、お母さんとの関係を育てるワークを始めたのです。

人形を使って、恐怖と向き合うワーク

- 人形に恐れている人の名前をつける。母親であれば、母親の名前「〇〇ちゃん」など。
- 声に出して人形に話しかける。最初は名前を呼ぶ。慣れないうちは「おはよう」「おやすみ」「こんにちは」のあいさつだけでもＯＫ。

《例》「〇〇ちゃん、おはよう」

- 普段思っていることを伝える。いやだったこと、憎しみの感情でもいい。

《例》

「○○ちゃんのこういうところがいやだった」
「○○ちゃんにこうしてほしかった」
・語りかけの最後は、肯定的な言葉で終える。
《例》
「言い過ぎたかもしれない。ごめんね」
「私の気持ちを聞いてくれてありがとう」

人形に話し掛けるワークのメリット

・人形に話すので、恐怖心なく、安心して自分の素直な思いを伝えられる。
・「こんなこと（相手への不満）を話している自分自身はどうなのだろう？」と自分にベクトルが向く。
・人形は返事をしないので、人形（今回の場合はお母さん）がどう考えているか、自分で考えることになる（相手の気持ちを自分で考える＝相手の立場になる）。
・「本当は自分がどうしたいのか」自分の気持ちがわかってくる。

赤ちゃんになったお母さんと会話を続けること3ヶ月。最初は名前を呼ぶだけで、心臓がバクバクして、向き合いたくないという気持ちからのスタートでした。人形にお母さんの名前をつけて呼ぶうちに、「お母さんは、赤ちゃんだったんだ。赤ちゃんだもん、出来なくてもしょうがないよね」と思えるようになってきました。

何でも話せるようになってきて、人形にも（お母さんにも）気持ちがあることに気がついたそうです。

お母さんは、人間として尊敬できないところもあったけど、女性としていろんな悩みを抱えていた。お母さんはよくやってくれていたと思えるようになりました。

人形を通して「しゃーない、許してやるか」という許しの感情が出てきて、険悪だったお母さんとの関係性をいい方向へ育てることができたのです。

そして、最終的にはお母さんに電話をかけて、交流もできるようになりました。

Eさんは、人形への話しかけのワークをすることで、

「本当は、お母さんのことが大好きで、愛されたかったことに気づいた」

と話してくれました。

Ｉメッセージを送ると波風がたちにくい

人形を使って自分が思っていることを客観的に伝える練習を繰り返したことで、ご主人にも気持ちを伝える決心がつきました。

子育てに苦しむ自分の気持ちを、旦那さんがわかってくれないことをはっきり伝えたい。わかってくれなければ、離婚も仕方がない。

でも、面と向かって伝えるほどの勇気はない。

私は、

「であれば、旦那さんが仕事に出かけた後、少し時間を置いて、ＬＩＮＥでメッセージを送ってはどうか」

とアドバイスをしました。

相手に自分の気持ちを伝えるときに、気をつけるべき大事なポイントもお伝えしました。それは、

・ＹＯＵメッセージを送らないこと

・Ｉ（アイ）メッセージで送ること

です。

ＹＯＵメッセージとは、「あなたがこうだからダメだ」「あなたにここを直してほしい」と相手が主語になる言葉のことです。ＹＯＵメッセージを受け取ると、相手は自分が非難されていると考えるので、波風が立ちます。

Ｉメッセージとは、「私は〇〇が辛かった」「私はこれで自信がなくなった」「私はこうして欲しかった」のように私が主語になる言葉のこと。Ｉを主語にすることで、自分の素直な気持ちを伝えることができ、相手も受け取りやすくなります。

Ｅさんは、ご主人にＬＩＮＥで次のメッセージを送りました。

「私、子育てに疲れたので、お母さん業を休ませていただきます」

短い文面でしたが、いつも穏やかな妻からのただならぬメッセージに並々ならぬ覚悟を感じたのか、次のような返信がありました。

「（あなたが）愛情いっぱいに子どもを育てているのは、すごいことだと思うよ」

いつも「お前が悪い」と攻め立てる夫が、初めて自分を認めてくれた。そう感じ涙が溢れたそうです。

以来、ご主人との関係も少しずつ変わりはじめました。

これまでのように子育てについて、一方的に責められることがなくなりました。

子どもがEさんに向かって感情をあらわにして暴れると、

「ママは疲れていても、一生懸命あなたに寄り添おうとしているよ」

とEさんの味方をしてくれるようになってきました。

怖いからといって拒絶せず、相手を尊重して、丁寧に向かい合う

怖いから拒絶するのではなく、相手を尊重して、丁寧に向かい合うようにしたら、家族関係がとても良好になりました。いつの間にか自分に溜めこんでいた怒りも、手放すことが出来ました。

人形のワークから5か月後、感情を爆発させて怒りを力任せにEさんにぶつけていた娘さんは、すっかり落ち着いて見違えるように素直になりました。

怒り狂っていたご主人は、実は自分そのものだったと感じたそうです。夫を恐れながら、内心は軽蔑して、信用していなかった。被害者意識を正当化して、自分は人生の舵取りを人任せにして、責任をとってこなかったのではないか。

ひとつひとつに感謝を込めて過ごすうちに、見える世界は突然、輝いて見え始めました。自分がして欲しいように、相手を敬う気持ちを大切にすると、今では何でも話せる関係性に激変しました。

卒業して1年経ち、今では、母親とも親友のように良い関係を築けています。過去に愛情をもらえなかったと思っていたけど、愛されていた側面が見えていなかっただけ。すべてが自分の内面を映し出す鏡だと受け入れました。

自分を許して、怒りを手放したら、毎日、辛くて、頭痛薬なしでは過ごせなかった日々も一変しました。あんなに顔色を伺っていたご主人に対する恐れはもうありません。

仕事にも変化がありました。以前は患者さん1人あたり1時間かかっていた月末の計画書、報告書も今は5分でできるようになり、電話前の心の準備も数秒でできるようになりました。「世の中って、こんなに楽しいの?」と思えるようになったそうです。頑張って変わった自分が愛おしくてたまらないと語るEさんは、今、誰といても緊張せず、リラックスして話しています。

第3章 人生を自分で創造する

お金・仕事・結婚編

姿態は心の顕現

意味

真心をこめた至誠の精神が、所作や自己の鍛錬の習得に現れる。1人1人のしぐさや振る舞いの中にその人らしさが現れる。意識（魂）を込めた生きざまが具現化される。

「言っていること」「やっていること」をそろえる

しぐさやふるまいには、その人の生きざま、有りさまがすべて映し出されます。どんなに隠しても心にあることが表れます。

神事をする神職の動きが綺麗ではないと、「心が整っていない」といわれます。ひとつひとつの動きにその人の生きる姿勢が表れるのです。

祝詞の言葉、その人の動きひとつひとつに魂、志、愛があるかが問われます。「姿態は心の顕現」とは、神様と畏敬の念でつながっているか、ちゃんとそのつながりにふさわしい生き方をしているかどうかを見る言葉です。

転じて、思ってることと、言うこと、行動することは、人がどう見るかではなく、いつも自分の中で問いかけることが大切だということです。

「言っていることとやってることが合っているか」「人に合わせるというより、素直に正直に自分の思いを表せられているか」と常に問いかけることの大切さを表しています。

Nさん（40代・女性）の場合

思いと言葉と行動を一致させて覚悟を持って生きたら人生が好転した

Nさんは、「想いと言葉と行動を一致させて、責任を持って、行動した」ことがきっかけで、大きく人生を変えた女性です。

もともとは、弟と妹と3人兄弟で、忙しい自営業の家庭に育ちました。弟は跡取りとして大切に育てられ、母親の口癖は「息子がいちばんかわいい！」「この子（息子）が生まれてきてくれて、本当に良かった」でした。

子ども心に、自分は愛されていないんだ、と感じていました。

両親は働いているので、料理を作るなど、家事のサポートをするのは長女のNさんの役目。子どもの頃から、自分の人生は誰かのサポート役だと思って生きていました。誰かの役に立たなければ、自分はここにいる価値がないと感じ、いつも自分のことは後回し。自分が人生の主人公だとは思っていなかったのです。

私との出会いは２０１７年です。

Nさんは当時39歳。トラック運転手のご主人とは再婚同士で、長女と次女・長男の３人の子どもに恵まれました。講座に来たとき、長女は４歳、次女２歳、長男は10か月でした。

Nさんは、私のことはまったく知らず、講座に興味をもっている友人の付き添いで、お茶会に参加。「大きな悩みは特にありません。幸せです」とおっしゃっていました。ただ、直感的に「この人（私）から学ばなければ」と思って、私の講座の受講を決めたそうです。

彼女は、保育士として働くほかに2つのパートを掛け持ちして働いていましたが、その時の所持金は２００円。聞けば、再婚相手は、前妻との間に子どもが1人いて、その養育費を払っている、しかも前妻は借金を抱えていて、再婚相手が保証人になっていた関係で、その借金も返しているとのこと。

「何とか生活を立て直して、講座料金は必ず終了までに払います」と言って、講座を申し込みました。

講座でNさんの話を聞いていると、なんとなく、人生を繕っているように感じました。

幸せというけど、そうは感じられませんでした。話の中で、「だって」「でも」という言葉が多くでてきて、暗く悩んでいるように感じられました。ご主人の稼ぎが少ないことも憂いていました。

できていないところではなく、できているところを見る

私は、次のような話をしました。

「あなたは誰に対しても本気になっていないと感じます。完璧を装っているけれど、本当に子どもを幸せにしていますか？　旦那さんの稼ぎが少ないというけれど、『旦那さんも頑張っているな』と、頑張っているところを認めてみませんか。**できていないところじゃなくて、できているところを見る**。その上で、あなたに何ができるかを考えてみてはどうですか？　子どもの個性を伸ばしたいというけれど、まずは、自分を見つめて、**あなた自身の個性を伸ばしていきませんか**」

Nさんは、この時はじめて「自分のことをもっと見つめよう」と思ったようです。

それから、しばらくして、Nさん自身が驚くことが起きました。

「大きな悩みはない」と言っていたのに、実はお金のこと以外にも悩みがあったこと。それなのに、「自分の感情に蓋をして、見ないようにしていただけだった」ことに自分で気づいたのです。

それは3回目の講座を受けているときのことです。

突然ひらめいたように言葉が降りてきました。

「私、長女のこと、悩んでいたんだ」

「『私がこんな子を産むわけない』と長女を受け入れていなかったんだ」

自分の心の中を初めて覗くことができた瞬間でした。

実はNさんの４歳になる長女Oちゃんはまだオムツをしていました。

長女の発達の遅れに、早いタイミングで気づいていました。1歳の頃には、何かがおかしいと思いました。3歳になっても言葉が出ない。次女の発達の方が長女を追い抜いていく。そして、４歳までオムツ……。

おかしい、おかしい。そう思いながら、何も手を打たずに見守っていたのは、Nさんの中に2人の自分がいたからです。

ひとりは保育士の自分。もう一人は母親の自分です。

優位なのは保育士の自分でした。

「子どもの発達はそれぞれ。遅れがあるのは個性だから大丈夫」
「みんなでちゃんと見ていきましょう」
「成長はゆっくりで大丈夫」

保育士の自分が、保護者に声をかけるように、自分自身にいつも声をかけていました。

母親としての自分は、「発達の遅れのある子を自分が産むはずがない」と思い込み、悩みをないものにしていました。

Oちゃんが長く泣いていると、「気の済むまで泣きなさい。大丈夫よ」と部屋にひとり残して泣きたいだけ泣かせました。

自分は自分で別の部屋にこもって、物に当たって壊す、たたきつける、ぶちまけるを繰り返していました。でも、最後には、「お母さん、きっと大丈夫よ」と自分に言い聞かせて、現実の問題から逃避し、ものわかりのいい母親を演じ続けていました。

「心配しなくても個性だから大丈夫」
「私、子どもに恵まれているし、旦那も頑張っているから大丈夫。幸せ」

と自分に言い聞かせました。

でも、すべては違っていたんだ。ただ、マスクで本心を覆い隠していただけ。ようやく、そのことに気づきました。そして、マスクをしていては、自分も周りも誰も幸せになれないことにも気づきました。

「そういえば」「もしかしたら」を口癖にすると幸せになる

私とセッションをしながら、幸せをつかむよう言葉の習慣や行動を変えていくことにしました。

言葉の習慣については、Nさんに次のアドバイスをしました。

幸せをつかむ言葉の習慣

- 「だって」「でも」（＝言い訳につながる言葉）を口癖にしない。
- 「そういえば」「もしかしたら」（＝気づきにつながる言葉）を口癖にする。気づきの言葉を口癖にすると、直感を大切にできる。直感は自分の魂とつながっているので、大切にすると運がよくなりやすい。

《例》「そういえば、○○さんにはこういういいことをしてもらったことがある」
「もしかしたら、明日はいい仕事に巡り合えるかもしれない」

言葉を「気づきの言葉」に変えると、ものの見方、見るものが変わります。人の悪い面、暗い面ではなく、良い面、明るい面、楽しい面を見ますので、本人の気持ちも明るくなります。

それでも、「だって」「でも」が出てくることがあります。

そんなときは、次のように対処します。

「だって」「でも」が出てきたら、問いかけによって自分の気持ちを整理する

「でも、だって」が出てきたら、QAを繰り返し、自分の心に向き合います。

マイナスの気持ち、いやな気持ちを整理し、何が自分にとって優先順位の上位なのかを明らかにします。

《例》

「今日は仕事に行きたくない。面倒だし」

↓

Ｑ１「（自分自身に対して）なんで行きたくないの？」
Ａ「疲れているから」
Ａ「でも、働かないと」
Ｑ２「どうして？」（いやなことをやらなければならない理由は？）
Ａ「支払いがあるから」
Ｑ３「だよね。じゃあ、どう折り合いをつける？」
Ａ「お金の支払いはちゃんとしたい」（自分にとって大切なことを見つける）
Ｑ４「じゃあどうする？」
Ａ「とりあえず今日は、働いてみよう」（時間を区切って考える）

この問いかけによる気持ちの整理には、次の７つのメリットがあります。

問いかけによる気持ち整理の７つのメリット

- 自分の中で行動に対するモチベーションが明らかになる。
- 気持ちの持ち方に責任を持てる（なぜ、その気持ちなのかが明確になる）。
- 誰かのせいにするのではなく、必ず自分が選択して行動できるようになる。

- 自分が必要な行動、自分に心地よい選択ができるようになる。
- いやいや行動することがなくなる。
- 何が問題で、それに対してできることは何か、がわかるようになる。
- 繰り返すと、自分を幸せにする行動が取れるようになる。

ほかの子と比べなくなったら、我が子がより愛おしくなった

自分の気持ちを大切にできるようになったNさんは、子どもとの向き合い方を変えていきます。

まずは、長女Oちゃんと手をつないで歩けるようになりました。それまでは、ゆっくり歩くOちゃんのタイミングに合わせられず、急かすように手首を引っ張って歩いていました。人の子と比べるのではなく、Oちゃんをしっかり見つめることで、「なんてかわいい子なんだろう」と心から思えるようになったのです。

小学校の普通クラスに入れたいと思ってずっと申請しなかった「療育手帳」（知的障がいのある人に交付される障がい者手帳）も申請しました。子どもに障がい者のレッテルを貼るようで、ずっと葛藤がありましたが、子どもの将来を考え、支援してもらえる最善の選

択をしようとの思いからです。

いまは、「どうすれば、この子の伸びしろをさらに伸ばせるか」を考えて子育てをしています。

子どもたちのために仕事を頑張りたいと、高所得者のお客様が多いサロンで、アロママッサージの仕事も始めました。Nさんは、すっかり明るい人柄になり、自分の心の声だけではなく、人の話もしっかり聞くことができるようになったので、とても人気が出ました。そのサロンで、ある会社の女性経営者に見出されて社員として就職も果たしました。

ご主人にも、もっと給料のいいところで働いてもらおうと転職活動もサポートしましたが、「ラクをして自由に働けるいまの会社がいい」と言われてしまいました。

いくら働いても夫の元家族にお金が回ってしまい、暮らしがラクにならないのなら離婚したほうがいいのかもしれない。母子家庭になって一人で子どもを育てた方が、我慢ばかりさせている子どもたちにとっても幸せかもしれない。

そう思ったNさんは、ご主人に

「離婚すれば、私や子どもたちにお金がかからなくなるから、自分で好きなように生きら

れるよ」と言いました。すると、ご主人は
「じゃあ、離婚する」
とあっさり。すんなり済んでよかった、とNさんは思ったそうです。

自分を信じて歩き始めたら、最高の未来が待っていてくれた

離婚後、縁あって出会った方とおつきあいが始まりました。

現在は、その方と再婚して一緒にサロンのある家を建て、3人の子どもたちと幸せに暮らしています。もうお金の心配はありません。

仕事のほかに、子育てママを支援するコミュニティを作って、ママたちをサポートする活動もしています。今は、

「自分を偽ることなく、自分を信じて歩き始めたら、最高の未来が待っていてくれた」

と幸せ溢れる笑顔で語るNさんは輝いています。

禊（みそぎ）、身削ぎ、身注ぎ

意味

禊とは、水の流れによって心身を清め、魂を鎮めること。不必要な想い（気枯れ）を祓い、本来の御魂になり、五感とつながり、清らかな心（素直な心）と向き合うこと。禊の行の始まりは、『古事記』や『日本書紀』ではイザナギノミコトが、黄泉の国から帰った時に、筑紫の日向の橘の小門（おど）の阿波岐原（あわぎはら）で禊祓いをしたことが起源とされる。

身や心を清め素直な心でいることが幸せにつながる

古神道では、心身を清めて、魂を鎮めるために、「禊（みそぎ）」と「祓い（はらい）」が行われます。

神は火水（カミ）であり、神事には水と火が使われることが多いです。

禊は、川や海の水に浸かって身を清めます。

祓（はら）いは、神に祈って穢（けが）れや災いを除きます。

穢れを除く祓い清めの神事を「禊祓（みそぎはらい）」（「みそぎはらえ」とも読む）といいます。

神社では、禊を済ませた後に、神様により主体的に近づくために祓いを受けます。

まず、手水舎で手口を清めて、御幣やお塩で祓いを受け、より積極的に心身や霊魂を磨きます。

魂を鎮めて、新たな息吹を注ぐときには、「身注ぐ」という言葉が使われます。

禊では単に水で身体を清めるだけでなく、心の中も素直でいることが大切です。

感情に偏らずまっすぐな心でいると、自分の本心に近づき、幸福を手に入れられます。

Rさん（30代・女性）の場合

婚活中、素直な心を見つめ、理想の結婚相手像に気づく

婚活をしながら、まわりの期待や評価にとらわれて、相手を決められなかった女性が、素直な心で自分と向き合い、心で相手を選ぶことを決意したお話です。

Rさんは、兄との2人兄妹で、ご両親に愛情いっぱいに育てられました。小学校４年生の頃、「将来、保育士になる」と決めていました。以来、迷いはなく、学校を卒業すると保育園に就職。いま15年目になり、園長に次ぐ2番手で、若手リーダーとして活躍しています。

私との出会いはRさんが22歳のとき。保育士になりたての頃でした。職場の先輩からの紹介で、個人セッションに来てくださり、13年のおつきあいになります。

Rさんは芯が強く、自分の意見を持っていましたが、女性だけの職場で過ごしていたせいか、男性に対して、恥ずかしがり屋で少し奥手でした。

30代半ばになって結婚願望が膨らんできました。

憧れは愛ある家庭を持つことでした。一方で、ご両親や兄夫婦からの期待や要求の高さを感じており、条件面では強いこだわりを持っていました。

兄夫婦はそろって誰もが知る上場企業に勤めていることもあり、一流企業に勤めていることは必須条件のようにいわれました。加えて、高収入で、背は高く、容姿が整っていて、健康な人……。

Rさんは、相手がそういう人でなければ、家族が喜んでくれず、自分自身が家族に認めてもらえる存在になれないと感じていました。

「家族が喜ぶ人との結婚が一番」とカン違い

「家族が喜んでくれることをする」

これは、小さい頃からRさんが心がけてきたこと。

自分の想いは後回し。家族が仲良くできるのなら、自分の考えは口に出さないで過ごしてきました。というのも、家族はRさん以外みな自己主張が強かったからです。

両親はケンカをするとお互いに引かず、何度も離婚の危機に。兄も負けん気が強く、結婚した相手（Rさんの義姉）も気が強いタイプ。

両親がケンカになると仲裁に入って仲をとりもつのはRさんの役目。

同じマンションの別フロアで暮らす兄夫婦には2人の子どもがいますが、ケンカになると、子どもたちが逃げてくるのは、Rさんの部屋。

Rさんは、自分の意見は言わずにじっと我慢し、いつも平和的な解決を目指します。

婚活でも、必然的に家族が喜んでくれることが第一条件となったのです。


結婚願望が出てきた30代初め、兄夫婦や友人の紹介で、複数の人に会いました。

しかし、条件に合う人はなかなかいません。最終的に、婚活アプリにも登録し、いろいろな人に会って交流もしましたが、結果は同じ。

趣味やテレビの話題は出るものの、心の奥深くを語れるほど、信頼できる人には、出会えませんでした。

「社交的で調子を合わせてくれるけど、私でなくても上手くやれる人たちばかり」と感じていました。

幸せになる鍵は「素直」でいること

彼女にとっては、何人かのタイプの違う人たちに会ってみることが、本音の自分が望む男性はどんな人なのかを主体的に考えるきっかけになりました。

「今までの人生は、家族やまわりの人の目ばかりを気にして、本当はどうなりたいの？と、結婚を具体的に考えることを避けて来たのではないか。

条件が良いって何なのだろう？　私は誰かに幸せにしてもらおうと思っていたのかもしれない。誰もが喜ぶ安定している人と出会って結婚することにこだわるより、自分の心が穏やかに過ごせることが何より大事なのではないか。

家族が心から望んでいるのは、私の幸せな笑顔を見ることだ。期待に応えて終わりではなく、ここからの人生は、私が主体となって、望む未来を創る。

これまでの人生は、いつも自分は後回し。まるで頑張って誰かを幸せにした後に、幸せのお裾分けをもらって、自分を幸せにしようとしている。まずはこだわりを捨てて、自分を幸せにしてあげよう。自分が幸せになって、その幸せを家族や未来のご主人に循環させていこう」。そう心から思えるようになりました。

「大好きな子どもと接する仕事は一生続けたいし、これからの保育士の支援や、理想的な園の経営にも興味がある。相手に頼りすぎることなく、私も一緒に働けばいいし、子どもを育てるように、未来の家族も育てていこう」。そう決めると心が楽になりました。

小さな頃から、余計なことを話して迷惑や心配をかけたくないと思ってきた彼女は、明確に結婚へのイメージが固まったことで、思考優先で男性を観察することを止めました。一緒にいて、優しい気持ちで穏やかな時間を過ごせる男性が良いと思えるようになりました。

男性の条件より、どういう風に生きてきたのか、男性のこれまでの心情や、思いやりの深さを意識したら、今までとは違う心の視座で男性を見られるようになってきました。あるがままの素直さを取り戻したら、心ときめく出会いがあり、今は慎重にお互いの気持ちを育てているようです。

私は幸せになる方法についてこうお伝えしています。

「幸せになる鍵は、『素直である』ことです。自分の心に正直になり、本音を見逃さないことが大切です。感情や不安や批判にとらわれすぎず、自分の本心と向き合っていくこと

です」

そして、次の話をしました。

古神道の教団のひとつ、黒住教の創始者の黒住宗忠は、心神と書いて「たましい」と呼んでいます。たましいとは、心にある神様のことです。

古神道では、天之御中主神（『古事記』の中で最初に出現した神様、御祖神）の分霊を頂いており、それが個人の魂（直霊）ともつながった内在神である、としています。

誰もが、御祖神のたましいを心の中にもっている、ということです。御祖神である主が真っすぐ垂らした糸から、分霊をいただくことを「素直」といいます。

人の在り方は、神様の在り方と重なり合っています。

私たちは、心を清らかにし（禊ぎをする）、素直でいることが大切です。

それが、古神道の神ながらの道（神の御心のまま生きる道）です。

素直な人は、自分の直霊（自分の中にいる神様）と通じあいます。

神社に行くと、鏡がありますが、鏡は自分に向かっています。

鏡は内在する自分の魂を写しています。

自分を偽りなく見直すこと、本当は「どうしたいのか」内在する神と向き合うことが大切です。神様は素直な人が大好きです。神様を味方につけると、自分にとって良い方向に人生が動きます。

素直に自分と向き合い、真に求めていたパートナーの条件がわかった

今、Rさんは自分の正直な気持ちに向き合い、条件ではなく、一緒にいて安心でき、何でも話せる人に惹かれています。

自分は保育士の仕事が好きだから、年収の足りない分は自分が働けばいい。

相手の勤め先が誰もが知っている会社じゃなくても、どうと言うことはない。

条件よりも、私のかけがえのない家族を、同じ気持ちで大切にするよ、と言ってくれる男性がいい。

素直な自分と向き合い、幸せにしてもらう依存心や虚栄心を捨て、素のままで、心穏やかに過ごせる相手を選ぶことでしょう。

彼女は結婚に向かって歩き始めています。

良縁に出会うための祈り方

縁結びの神様を祀っている神社があります。また産土神社（生まれた土地の守り神）、鎮守神社（現住所の守り神）や一の宮などの代表的な神社で、ご神仏とのご縁が深い場所などを選びお参りします。

良縁に恵まれたい場合、神様の前で次の祈り方をすることを勧めています。

良縁成就のための祈り方（補章に詳細）

①おかげ様で、いつもありがとうございます。
②御祭神の大神様の益々のご開運をお祈り申し上げます。
③御祭神の大神様の益々のご活躍をお祈り申し上げます。
④（住所地）に住んでいます○○（名前）です。□□年（干支）です。
⑤○○の男性に出会うために行動をします。
《例》心穏やかでやさしい独身の男性と出会うために行動します。

⑥良きご縁組のあと押しをお願い申し上げます。
⑦いつも本当にありがとうございます。

また、手帳やいつも見える場所（ベッド付近など）に相手の具体的な条件や、その相手とどんな風景や気持ちを味わいたいか、書いておくことで、意識を明確にして、定着させると願いが叶いやすくなります。

意識とは「イメージ」と「言葉」でできています。

風景、色、場所、五感を使って、言語化しましょう。

「結婚してこんな家に住みたい」と具体的に書くのもいいでしょう。

弥栄（いやさか）の心

意味

繁栄を祈る言葉。「弥」には「いよいよ」「ますます」の意味が、「栄」には「さかえる」の意味がある。「弥栄」で「ますます栄える」。「弥栄の心」は、「自分だけではなく、相手もよくなるように考えて、みんなで成長し、みんなで繁栄する気持ちでいよう」という心構えのこと。

相手や周囲の人も一緒に良くなるよう考えることが繁栄し続ける秘訣

「和を以て貴しとなす」（聖徳太子の「憲法17条第一条」より）という言葉に象徴されるように、日本には古の時代から「和」（互いに相手を大切にし、協力しあうこと）を重んじる考え方があります。

「弥栄の心」もその根本精神は同じです。

自分さえよければいい、というエゴイスティックな考えでは、結局自分さえも幸せになったり、繁栄することはできません。

本当の繁栄を望むのであれば、自分を丁寧に扱い、相手の気持ちを思いやり、他人、社会とのつながりと調和を考えていくことが大切です。

Tさん（30代・男性）の場合

成功した会社員から、心豊かな人生を送る幸せな会社員へ

一流企業に勤めるTさんは、新入社員の時から心に決めていたことがあります。

「いつか、出世して社長になる」

Tさんの関心事は、恵まれた会社環境や肩書、給料などについて、人から承認されることでした。

人から「すごい！」と認められることや、住む家、車、財産などの物質的な豊かさこそ、家族を幸せにすると思っていたのです。

そんなTさんが神妙な顔で相談に来ました。次のような内容でした。

自分は頑張ってきたのに年度末に昇進できなかった。

10年間、天敵と思ってきた部長が、自分の評価を低くしていることが原因だと睨んでいる。なぜかいつも同じ部署で、離れたくても離れられない。この上司は、ことなかれ主義

で、販売促進の長なのに何もしようとしない。

チームのことより、個人的な安定にしか興味がないように見える。大事な会議で、部下が頑張って発表していても居眠りをする。許せない。

なぜ、自分より仕事の出来ない（していない）人に最低の評価をされないといけないのか。なんとかしたい。


イライラしながら、怒りで真っ赤になった顔でお話してくださいました。

目の前の人は自分を映し出す鏡

私は聞きました。

「見下されることが許せないのですね」

自分にこだわりやとらわれの考え方があると、無意識のうちに、苦手な相手に対して、配慮を欠いた対応をしてしまいます。責任感が強く、仕事熱心なTさんにとって、自分が大事にしている信条に反する人に対して、厳しくなりがちです。

Tさんは、「見下されている」と感じ、そのことに敏感に反応しすぎている。私はそう感じました。こうしたことは、過去の心の傷から発生する場合があります。

目の前の人（上司）は自分の心（Tさん）を映し出す鏡なのです。


次のようにTさんに質問してみました。

「過去に見下された経験はありますか？」

Tさんは、顔色を変え、うっすら涙を浮かべて言いました。

「実はあります。自分でいうのもなんですが、少年時代は野球が得意で、小中高とレギュラーで活躍していました。ところが大学に入ると、肘を壊し、ベンチ入りのまま過ごす日が続きました。いつも応援に来る両親には、レギュラーではない惨めな自分を見せたくなくて、『絶対に応援に来ないで』と伝えていました。レギュラーじゃない自分を許せなかったのです」

彼の言いつけどおり、大学に入ってから一度も応援に来なかった地方に住むご両親とお姉さんは、卒業前の、最後の試合を応援するために上京しました。試合の後、お母さんはTさんに言ったそうです。

「レギュラーになれなかったこと知っていたよ。でも、腐らないで、ずっと努力を積み重ねて、頑張り続けて、えらかったね」

その言葉を聞いて泣けてきたそうです。

自分に向ける目を優しくすると、相手にも優しくできる

私はこう言いました。

「相手に向けている言葉や態度は、自分自身に向けているものと同じです。相手に厳しいということは、自分に対しても厳しくないですか？」

Tさんは黙って聞いていました。

私は続けました。

「厳しいことが悪いわけではありませんが、厳しい思いで相手を見ると、関係が緊張してしまいます。まずは自分に向けている目を柔らかくしていきませんか。相手を変えるのではなく、自分から変わるのです」

そして、相手の立場に立ってみることも伝えました。

相手の立場に立つことで、自分自身の視野の狭さや思いやりの有無など、客観的に自分を省みることができます。

「あなたの言葉は冷たい。見下している態度が言葉に表れている」

このような私の言葉を聞き終えると、Tさんは、はっとしてつきものが落ちた顔をしました。そして、その場で自分を変えると誓いました。

「**自分に足りないのは、心を開いて、自己開示することだ**。自分が弱い部分をさらけ出して、正直にチームと向かい合い、腹を割って話そう」と決めました。

心を入れ替えて、自分が変わると、現実がどんどん変わっていく

次の日、会社のミーティングでチームメンバーを集め、まず次のことを謝りました。

自分が誰よりもみんなを信用していなかったこと。厳しい目でジャッジしていたこと。

見下した気持ちが、みんなのやる気をなくし、チームワークに緊張感を走らせてしまったこと。

うまくいかないのは、部長のせいではなく、自分の態度にも原因があったことを認めました。

「俺、変わるから。宣言したことが出来ていなかったら、教えてほしい。」とチームのみんなに自分の今の想いを伝えたそうです。それはプライドの高いTさんが、まず自分から鎧を脱いだ瞬間でした。

また、相手の弱点ばかりを見ていたことに気がついて言動も変えました。**相手の良い所を見つけるように意識してほめることを始めたのです。**

部長にも正直に向かいあい、自分の態度を改めることを告げました。

Tさんがゆるんだら、部長との関係性も変わり、チームとのコミュニケーションも活発になり、言いにくいことも率直に伝えあうと同時に、お互いに思いやりの言葉をかけあえるようになりました。

これまで部長とは、自宅が同じ駅であることも気が重く、同じ電車に乗ることを避けていましたが、会社では語り尽くせなかったことを、一つ前の駅で一緒に降りて話しながら帰ったり、飲みに行くようにもなりました。

お互いの気持ちが和らぐと、リラックスして楽しめました。

その後、チームのメンバーは、なんでも相談してくれるようになりました。

それまでは、自分の承認欲求ばかりに目を向けていました。今は、チームの行動価値、ひとりひとりの存在価値に重きを置くようになりました。

「気持ちよくいい仕事をしたい」

「チームが向上して勢いがあるのが何より嬉しい」

自分の勝算より、チームで勝つことを選ぶようになったのです。結果として、その年には過去最高益を上げて、一番調和がとれているベストチームだと評価されるようになりました。

部下たちと飲みに行った際には、

「正直にいうと、昔は正義感がちょっとうざかった。でも、本当にすごく変わった。大好きな上司になりました」

と言われて、恥ずかしくも、本音で話せることに喜びを感じました。

頭でっかちに考える幸せではなく、心が喜ぶ幸せを考えるとワクワクする

また、次の人事では、入社18年で一番いい評価をもらいました。社内でもわずかな人にしかつけない最高評価でした。

心を入れ替えて、自分が変わったら、現実がどんどん変わっていきました。部長が言いました。

「僕は君を部長にするために尽力した。この一年で君は信じられないほど変わった。覚醒したといえるような成長だった。今の君は史上最高にすごい。自信を持って、君を部長に推薦できる」

昇進こそしなかったものの、部長がやる仕事を任されました。

Tさんは言います。

「あのまま突っ走っていたなら、病気になっていたかもしれません。頭で考える幸せではなく、心が喜ぶ幸せを考えるとワクワクします。**魂が喜ぶとは、こういうことだとやっとわかってきました。**

かつて、自分の目的は会社での出世でしたが、いまは、もっと志を高くして、家族で豊かな人生の勝者になることに変えました。

会社が自分を幸せにするわけではない。自分が幸せな人生を選んでもいい。今は心からそう思えます」

第4章 心を整える

感情・精神・言葉編

肉体は限り身であり、輝(かが)り身

意味

人間は、限られた肉体の中に永遠の魂をもつ。限られた命の限り身として、経験や知恵を活かし、霊性を高めて、輝り身になることで、永遠の命を輝かせて、また命の循環を生み出せる。魂の成長を表す言葉。

どんな環境でも清浄な心で自分を保つことで魂は磨かれる

古神道では、肉体を「肉の宮」といいます。肉体にも神が宿ります。魂は永遠です。命（肉体）には限りがあるからこそ、永遠の魂を持つ自分を輝かせて、自分を活かす生き方を目指すことが大切です。

私たちの体は、水と電気と空間で出来ている生体エネルギーです。この生体エネルギー（肉体）の中に、感情や過去に作られた信念が溜まっていきます。人生は限られた時間でしかない。その中でどれだけ霊性を高めて、自分の魂を磨くかが大切。磨いていくと、人生が軽やかになり、自分の生体エネルギーを再生して、循環させることができます。

どんな環境でも清浄な心で自分を保つことで魂は磨かれ、循環の流れに乗ることができます。

Iさん（60代・女性）の場合

元夫と実弟の自死に抱いていた自責の念を手放して新しい人生を歩く

Iさんは、薬剤師として働きながら、シングルマザーとして2人の娘さんを育ててきました。しかし、長年、ある自責の念を手放せずにいました。

13年前に元夫が自死。自分が彼を助けられなかったことで、ずっと罪悪感を抱いていたのです。

アルコール依存症の元夫が離婚直後の自死

13年前、何があったのか。

当時、夫婦の関係はすっかり冷え切り、家庭内別居の状態でした。

ことの発端は、ご主人がアルコール依存症で、お酒を飲むと暴言を吐き、感情のコントロールができないことでした。何度もお酒を止めるよう説得し、話し合いを続けて、アルコール依存症の自助グループ会に入って断酒。仕事が決まって働くようになりました。精神的な不安定さは相変わらず続いていました。

働き始めてすぐ、仕事が合わないのか、帰ってくるなり部屋に閉じこもる日が続き、家庭内不和の状態に。長女は不登校になり、ご主人はそんな長女に手を上げることも。

家庭はいつも暗く重い空気に包まれていました。

さらに、ご主人が借金を重ねていることが判明。何に使ったのか教えてはくれませんでした。

「このままでは、子どもたちまでダメになる。安心して過ごせるようにしてあげたい」

そう考えたＩさんは、ご主人のお姉さんに相談して離婚を決意。離婚が成立した8日後、ご主人は自ら命を断ちました。仕事がクビになったことは知っていましたが、病院で抗うつ剤を処方されて飲んでいたし、立ち直ると思っていた矢先の出来事でした。

薬剤師として医療に携わる自分が夫を救えなかった。このことが彼女の心に暗い影を落としました。

彼女にはもう一つ、悲しい過去がありました。

37歳の時に、６歳年下の弟さんが自死していたのです。真面目で大人しい弟さんは、仕事で悩みを抱えていたものの、誰にも相談できずにうつ状態に。

弟さんは、自ら病院に行き、抗うつ剤を服用していましたが、最終的には死を選びました。

子育てと仕事で忙しかったIさんは、「自分がもっと相談に乗ってあげていたら、こんなことにならなかったのに」と自分を責めました。

元ご主人の死によって、弟さんの出来事も鮮明に思い出され、自分を許せない気持ちがさらに強くなってしまったのです。

自分に自信が持てずに、家族はバラバラに

以来、子育てにも自信が持てず、子どもを信頼できず、心配症になって「これをしたらダメ」と細かく指示し、口うるさくなりました。

一方で、子どもから一旦反発されると、「自分は母親失格」と自分を責め、強く言い返すことができず、言いなりにもなってしまいます。

特に、長女は強い性格で、押し切られることが多く、つい長女の機嫌を伺うところがありました。次女も長年不登校でしたが、なんとか通信制高校を卒業し、アルバイトをする生活。どの仕事も長続きはしませんでした。

Iさんの心はいつも重苦しく、家族はバラバラだと感じました。

ひとつの道を選んだなら、覚悟を決めてその道を生きる

知人の紹介で、「罪悪感を手放し、心を軽くしたい」「家族をひとつにしたい」と私の講座に入ってきました。

Iさんと話をする中で、いちばん感じたのは、Iさんの身体には、過去の出来事（元ご主人と弟さんの自死）によって作られた否定的な感情が溜まっていることでした。

私はIさんに次の話をしました。

「2つの道があってひとつを選ぶと、その時点でもうひとつの道は消えます。**ひとつの道を選んだのなら、覚悟を決めてその道で生きる**ことです。どの道を選んだとしても、どの感情を選んで生きるかは、自分で決められます。**幸せの感情を選ぶ人が幸せな人です。**自分が選んだ感情や想いが、まわりに反映します」

Iさんは静かにうなずいて聞いていました。

否定的な感情を変えたいなら「言葉を変える」「身体を動かす」「チャレンジする」

また、否定的な感情（Iさんの場合は「罪悪感」）を消して、清浄な心に戻す必要がありました。否定的な感情を消す方法として、次の３つを伝えました。

否定的な感情を消す３つの方法

①言葉を変える

どんな自分に対しても、プラスの言葉（光の言葉）を使う。

②体を動かす

川の水は流れがなければ、水たまりとなり濁る。動かしたり、流れを作れば、きれいな水になる。否定的な感情も何もしなければ、身体の中に溜まり、身体を動かせば、気持ちや生命エネルギーが流れ、循環する。おすすめは神社への散歩。緑もあり、気持ちがすっきりする。話すのも「口を動かす」ので、心の解放につながる。

③新しいチャレンジをする

運もエネルギーなので、体を動かすことで開運する。

今までの価値観や生活スタイルを変えることで、新たな心の視座が得られる。新しい人との出会いや好きなことをする。頭も心も動く。

神様への感謝の念を表現することは楽しい

Ｉさんは講座では、親子で受講している人と一緒になりました。子どものほうは自分の娘と同じ年齢。その２人の姿を見て、「自分は子どもの話を本当には聞いてなかったし、向き合うことから逃げて来た」ことがわかりました。

また、受講した動画のアーカイブ（録画映像）を見ると、そこには、「不機嫌な顔で人の話を聞いている自分や、人に善悪をつけ、表面的な側面だけで人をジャッジしている自分」がいて衝撃を受けました。

そして、心配したり、小言を言うのは相手を信頼していない証拠であること、人を許せずに厳しく否定的に見てしまっていることに気づきました。

私は、

「人を信頼できないのは、自分のことを信頼していないからです」

と伝えました。彼女には圧倒的に自己信頼が足りませんでした。

こうしたことに気づいてから、主に3つの考え方を改めました。

- 相手を疑って小言を言うのをやめて、相手を信頼し、相手の話をしっかり聞いてから「こうしたらどう?」と提案型で話すようにした。
- 「子どもはこんなに大変な私を理解してくれない」と考えるのをやめて、子どもにわかってほしいことは、言葉にして伝えるようにした。
- 「もし○○だったら、もっと幸せになっていたのに」と過去を後悔するのをやめて、「こうすれば、もっと幸せになる」と未来志向で考えるようにした。

新しいことにもどんどんチャレンジしました。

たとえば、「過去の自分の悩みが誰かの役に立つなら」と今まで誰にも話さなかった過去の経験を話し始めました。自死家族で悩んでいる人、子どもが不登校で悩んでいる人などの話を聞くカウンセラーとして活動もしています。

自分の命を大切にして、生きる喜びや思いやりを見出すことが、自分の「命のお役目」であり、自分を尊ぶことだと思っているそうです。

「巫女舞」も習い始め、神社で巫女舞の奉納をしています。

神様への感謝の念を表現することが楽しい日々。いまは過去を嘆くことはなく、たとえ、過去を振り返っても、不思議と客観的に見つめることが出来ます。さらに、自分の体験を通して、命の輝きを伝えることが、あの世の二人を応援することにつながると思えるようにもなりました。身体を動かす舞いは、彼女の中の滞っていた心を動かすことにもつながり、確実に良い影響を与えました。

自分から変わり始めると、家族も変わっていきました。

結婚して以来、実家を敬遠しがちだった長女が、家に来るようになりました。

次女は、アルバイトも学校も休まず通っています。

ときには、「お母さんにずっと甘えられなかったから、甘えたい」とぴったりくっついてくるようになりました。クラスに通っている時は、実母の介護に追われていて容態も厳しい状態でしたが、奇跡的に元気になり、良い施設に入居もできました。

今はとても良い距離感で、助け合っています。自分次第で人生は変わるし、まわりにも反映することをしみじみ実感しています。

「3人で協力して家事をして笑い合えるようになり、今が一番幸せです」

とーさんはいいます。

自己信頼を深める方法

自分を信頼することで、相手も信頼できるようになり、自分を磨くことにつながります。信頼には3つあります。3つの信頼を循環させる（3つともしっかり行う）と、それぞれの信頼が深まっていきます。

●どんなときも自分を信頼し続ける

①**「自己信頼」**

・自分を信頼すること。

・「できている、できていない」「いい、悪い」で自分をジャッジしない。ありのままの自分を信頼し続ける。

②**「他者信頼」**

・他者を信頼すること。

- 他者にやさしい思いやりを持つ。
- 相手から感じるどんな気持ちも回避しないで、一旦、受容する。

③「他者信頼の受け取り」

- 相手の好意、気持ち、ほめ言葉、お礼、お金、「ありがとう」の言葉は、相手からの信頼が形になったもの。遠慮せずにそのまま受け取る。
- 「ごめんなさい」や厳しい意見も、相手からの信頼の証なので、そのまま受け取る（厳しい意見に反発したり、拒絶したりしない）。

●お金は相手からの信頼の証。しっかり受け取る

①だけ、②だけの場合、一方通行となります。「お互い様」と気持ちを分かち合うことが大切です。

③の「他者信頼の受け取り」の中に、「お金」があります。自分で他者に対して何かをしたときに、お金を受け取れない人がいます。

私も働きながら、無料相談を20年以上していました。

悩んでいる人からお金を受け取るのは、申し訳ないという気持ちがありました。

でもよく考えると、お金を受け取れなかった心の内のどこかに、「まだ受け取る価値がない、と自分を信頼していない気持ちがあった」と気がつきました。自己信頼が深まると、他者への信頼もより増していきます。

お金を自分への評価として受け取れるようになって、ますます相手に貢献したい熱意があふれるようになりました。さらに経験を積み重ねて技量が上がり、より高い志を持つことができるようになり、自分の成長も感じています。

そして頂いたお金の一部を社会貢献に回せる自分でいたいと思うようにもなりました。「お金（＝他者信頼）の受け取り」は、喜びと共にしながら、信頼と感謝の循環を生み出すことを意図しています。

●自己信頼が弱っているときは他者からほめてもらう

③の「他者信頼の受け取り」は自分から求めることもできます。

自分への信頼感が弱っているときには、私はスタッフに対して、「私のいいところ、褒めて」と言っています。その言葉をもらうと、自己信頼が深まります。昔は、ほめられても「そんなことはない。私なんてまだまだ」と言っていた時期もありました。

「厳しい意見」もしっかり受け取ります。

厳しい意見をもらったときには、「言いづらいことを言ってくれてありがとうございます。さらにバージョンアップします」と答えて、自分を鼓舞します。

どんな時でも、迷わずに自分の心の成長を応援して、無条件に自分を愛することを心がけています。

言霊（ことだま）の力

意味

古神道では言霊信仰があり、言葉を大切にしている。古来より、言葉には霊力が宿り、口に出すことで、力が発揮されると考えられているためである。

霊力が宿るのは光の言葉だけ

言葉には、力を与える言葉と、力を奪う言葉があります。
力を与える言葉とは、人を勇気づけ、元気づけ、成長を応援する言葉です。
力を奪う言葉とは、その逆。人の心を傷つけたり、落ち込ませたりする言葉です。
私は力を与える言葉を「光の言葉」と呼んでいます。心を明るく照らすからです。

言葉がその力を発揮するのは、光の言葉だけだと考えています。
光の言葉を使うと、人生をよい方向に変えることができます。

言葉の使い方を変えるだけでも、取り巻く状況を変えられます。
言葉を放つ魂の誠の力が現実を動かすのです。
言葉には生命力が宿っています。

Aさん（20代・ワーキングママ）の場合

言葉を変えただけで、子育てが楽しくなり、夫婦仲が円満に！

５歳と１歳の子どもを育てる女性が相談に見えました。

「育児休暇から職場に復帰したけれど、５歳の子どもが保育園に行きたがらずに困っている」という内容でした。しかし、話を聞いていくうちに、本当の問題は別のところにあることがわかってきました。

職場は土地の有効活用を提案する企業。そこで、女性でただひとりの営業として、バリバリ働いていました。

２人目の子どもの出産育児休暇のあと、２０２２年末に職場に復帰して、子育てとの両立を目指していました。

仕事は忙しく、復帰したばかりで戸惑うこともあり、プレッシャーを感じていました。子育てでは、下の子は夜泣きがあり、上の子は保育園に行きたがらないのが悩みの種。

寝不足や季節の変わり目の体調不良も手伝って、つい子どもに厳しくなり、怒鳴ってしまうことも。Ａさんは元々優秀で完璧主義ですから、仕事も家事も完璧にこなそうとしましたが、なかなか思い通りにいかず、イライラが募っていました。

おまけにご主人は仕事が忙しく、イライラして、ときどき暴れて家の壁に穴をあけることもありました。コミュニケーションが上手く取れず、会話は業務連絡だけというありさまで、子育ての相談もできない。

このままでは子育てをやっていけるのか不安、という話でした。

コミュニケーションを円滑にする３ステップは「理解」「納得」「再現」

話を聞き終わり、私は、

「あなたの一番の問題は、保育園に行けない子どもではなくて、子育てという大切なことをご主人に相談できないことではないですか」

と伝えました。彼女は、はっとした表情をしました。

もうひとつ気づいたことがありました。話を聞いていると、Ａさんが発する言葉は、

「眠い」「疲れた」「しんどい」などのマイナスワードばかりだったのです。

そして、「どうしたいの?」と聞いても、出てくるのは「やりたいこと」ではなく、「やらなければならないこと」だけでした。

私はまずご主人とうまくコミュニケーションを取るために、大切な3つのステップをお伝えしました。

コミュニケーション3ステップ

①相手を理解する

- 相手の話をしっかり聞いて、言いたいことを理解する。
- 相手がどんな気持ちなのか、言葉にならないことも推し量る。

②相手と自分が納得する

- 他人の考え、行為を理解し認めること→自分と意見が違っても相手の意見を一旦受け取る。
- 相手と自分の心像（心の中にある絵）が同じになっていることを確認する。
- 相手が何を望んでいるのか問いかける→相手の意見を聞いたことで自分が納得。

・自分の気持ちを伝える↓自分の気持ちを伝えたことで自分が納得。
・相手は自分の意見を聞かれたことで納得。
↓お互いに納得しながら折り合いがつく落としどころを見つける。

③再現する

・理解・納得したこと、これからの行動指針を、言葉に出して確認する。
・会話の最後は思いやりと感謝で終わる。
・同じことが起きた時、平常心に戻れる自分なりの対処法を確立しておく。

悪い例①

夫　：「頭が痛い」
自分：「飲みすぎだからだよ。自業自得。休肝日を作らないからだよ」（相手にダメ出し）
夫　：「なんで？」（不満げな顔）

改善例①（夫婦）

夫　：「頭が痛い」
自分：「それはつらいよね」（**理解**を示す）

夫　：「うん」（**理解**された）

自分：「何かあった？」（相手の状況を確認する。↓**理解**を深める）

夫　：「昨日は接待飲み会で、飲みすぎちゃったんだよ」（自分で**理解**する）

自分：「そうだったのね。飲み会も仕事だもんね」（**納得**する）（心像を合わせる）

「最近、頭痛が多いことが心配。どうしようか？」（**納得**の答えを導く）

「私に何か手伝えることある？」（自分の気持ちを伝える・相手の意見を聞く）

夫　：「今日はアルコールを控えるかな。早く寝るわ」（**納得**する）

自分：「そうだね。休肝日を作るのはいいね」（**再現**する）（対処法）

「今日はゆっくり休んでね。

子どもは私がしっかり寝かせるね」）（**再現**する）（対処法

夫　：「ありがとう」（**再現**する）（最後は感謝で終わる）

この3ステップは子どもとのコミュニケーションでも応用できます。

悪い例②

子ども：「トイレ行きたくない」

自分：「寝る前はトイレに行かなきゃダメでしょ！」（命令口調）
子ども：「行かない！」

改善例②（親子）

子ども：「トイレ行きたくない」
自分（親）：「今トイレに行ってくれたら、ママは安心して眠れるのになあ」（**理解**する）
子ども：「ふう〜ん。ママが行ってほしいんだ」（**納得**する）
自分（親）：「そうしてくれると、嬉しいな〜」（**納得**する）
子ども：「じゃあ、トイレに行くよ」（**再現**する）（対処法）
自分（親）：「（微笑んで※）寝る前にトイレに行ってくれて、ありがとうね」（**再現**する）

※微笑むと子どもが満足します。

再現するとは、これから定着させたい対処法、行動や感謝などです。子どもが「自分がトイレに行くとお母さんが安心して喜ぶんだ」と覚える。次も同じようなことがあった時、「お母さんを安心させたい、ありがとうと言われたい」と、どうやったらそれを再現できるかを身を持って知ることで、次は自分で主体的に動けるようになっていきます。
ポイントは２つあります。

ひとつは「**あなたは、〇〇しなければいけない（Youメッセージ）**」で伝えるのではなく、「**私は、〇〇してほしい（Iメッセージ）**」を心がけることです。

もうひとつは、ダメ出しや命令をするのではなく、お互いが納得して、助け合える調和した行動に変えることです。

会話は必ず「相手への思いやり」で終わらせる

また、**会話の最後は必ず「〇（マル）で終わらせる」**こともお伝えしました。

「〇（マル）で終わらせる」とは、相手の良いところをほめたり、相手への思いやりを示したり、自分が言ってほしい言葉で終わらせることです。

悪い例③

あなたは、仕事が丁寧だけど、時間がかかるね。

改善例③

あなたは、時間がかかるけど、仕事が丁寧だね。

改善例のように「相手のよいところ」で会話を終えます。

潜在意識は、最後の言葉で上書きされます。最後の言葉が印象にも残ります。

すると、自分の中で「よいところ」が強調されます。

何か失敗をしたとしても、気持ちの切り替えができて、いい気持ちでいられます。

たとえば、おもちゃを壊した子どもと接するときも、

「おもちゃ壊しちゃダメよ」

で終わるのではなくて、

「おもちゃ壊しちゃったけど、片づけられたね。ちゃんと謝ったね。もうしないと思えたね。」

と○で終えます。すると、子どもは、気持ちが前向きになれます。

不要な思考は断捨離する

Ａさんは、最初はぎこちないながらも、学んだことを踏まえて、前向きな言葉がけができるようになりました。自分なりに会話の流れをつくれるようになり、家族とも自然体で話せるようになりました。

講座は、Aさんにとって、ご主人や子どもへの対処法を学び考える機会でもありました。

自分の否定的な口癖も徹底的に変えていきました。さらに、思考の癖についても書き換える練習をしました。

練習を重ねて日常に取り入れることで、ご主人とのコミュニケーションはうまくいくようになりました。

ご主人は、今でも子どもに対して怒鳴ることもありますが、これまで謝ったことなどなかったのに、「ごめんな」と言えるようになったそうです。

Aさんが、子どもに「お父さん、疲れていたから怒ったんだね」と言うと、子どもは「疲れたら、怒りやすくなるよね」と思いやりをもった言葉を使うようになりました。

1年前は、自分の思うように動かない子どものことが不満で、怒ってばかりでした。今は、私は「こう思うけどあなたはどう?」と本音で話し合えるようになり、不満もストレスも感じなくなりました。しかも、最近、子どもが

「お母さんのいいところはあまり怒らないところ」

と言ってくれたと喜ぶＡさん。

「乳児を抱えながら産休明けで仕事に復帰し、保育園に行きたがらない長男と感情をコントロールできずに怒りで切れやすい夫。毎日、肩の上に重い荷物が乗っているようで、笑う余裕もありませんでした。保育園に喜んで通ってくれさえしたら楽になると、子どもの教育の講座を受講しようとしていたんです。誰かを変えるのではなく、私が変わればいいとは、思ってもみませんでした」と、この1年を振り返ります。

「思考も断捨離のように要らないものは捨てたほうがいいんですね。考えや思考の癖を手放すことで、軽やかに前向きに生きられるようになりました。それに、言葉を変えただけで、家族関係がみるみる円満になって、本当に驚いています」

あれほど正しさにこだわっていた彼女は、私に言われて心に響いた言葉として、**「正しさより愛を」**を信条に過ごしています。

今春、小学校へ進む保育園の子どもたちの父兄に「卒園式で我が子のいいところを10個書いて贈りませんか？」と提案して、みんなに賛同されたそう。「普段、怒ってしまうことが多いから、この機会にいっぱいほめてあげたい！」、そう張り切っているママもいるそうです。

新しい門出の子どもたちを応援したい。言葉の言い換えの相談にも乗りながら、「言葉の力」を通して、子どもたちの自己信頼を深めていきたいと、積極的に行動する姿がとても頼もしいです。

変えたい口癖、変えたい思考パターン一覧

Aさんの家庭を円満にしたのは、言霊の力です。

神道では言葉を大切にしています。普段の言葉をちょっと変えるだけで、人生は大きく変わるからです。

また、頭の中の言葉である「思考」も、捉え方ひとつで変えられます。

ここでは、「変えたい口癖一覧」と「変えたい思考パターン一覧」を紹介します。

変えたい口癖一覧

- どうせできない ⬇ **私だって、できる！**（自分を信じる）
- 何をやってもうまくいかない ⬇ **やれることから始めよう**（まずはやってみる）
- 私なんてムリ ⬇ **私だから（こそ）やれることがある**（良い面を見る）

- あの人ばっかり⬇あの人みたいにやってみよう！（良い所を取り入れる）
- 〜だから、ダメだ⬇そうか、今はそう思っているんだね（客観的に見る）
- 許せない、腹が立つ⬇そうか、そうか。そんなこともあるよね（許容する）
- 疲れた⬇今日もよくやったね（受容力）
- どうせ上手く行かない⬇やりながら変わろう（現在進行形でやりながら考える）
- 大丈夫かな？⬇きっと大丈夫（未来を見て選択する）
- 失敗しちゃった⬇まあ、いいか。ここから始めよう（立て直し、切り替え）
- 幸せになりたい⬇ますます幸せになります（既に叶っていて広げるイメージ）
- 頑張ります！⬇とりあえずやってみます！（力を抜く、リラックスしてトライ）
- まだまだダメだ⬇ますます良くなる（希望の方向を見る）
- どうしていいかわからない⬇とりあえず笑っておこう（悩まないで、受け流す）

変えたい思考パターン一覧

【思考の方向性を調和へ（思考パターンの書き換え）】偏った思考から、肯定的な思考パターンに変えていく。

〔否定〕　〔肯定〕

・恥　⬇誇り
・罪悪感⬇無邪気
・無気力⬇活動・活発・情熱・意欲的
・絶望　⬇希望
・後悔　⬇納得・満足
・心配　⬇安らぎ・安心
・恐怖　⬇平安・平穏・安堵
・欲望　⬇無心・無我
・否定　⬇肯定・受容
・怒り　⬇笑い・喜び
・偏見　⬇中立・客観的
・疑い　⬇信頼
・不平不満⬇感謝
・無関心⬇愛

【今の否定の気持ちを受け入れて、その奥にある希望を見ていく】

- 嫌われたくない ⬇ 皆と繋がりたい
- 私が正しい（あなたは間違っている）⬇ 同じ気持ちを味わいたい
- もっと頑張らないといけない ⬇ 期待に答えたい（情熱がある）
- 認められたい、評価されたい ⬇ 充足感を味わいたい
- 自分には価値がない ⬇ 役に立ちたい

「嫌われたくない」という気持ちが出たら、その気持ちをいったん受け入れて、「なぜ、嫌われたくないか」その奥にある希望を見ていく。

- 「嫌われたくない」⬇ なぜだろう？ ⬇ みんなと繋がりたいからだ。
- 「私が正しい」⬇ ちょっと待てよ。相手のいい面もあるはず ⬇ 道が違うだけで同じ気持ちを味わいたいし、共に喜びたいと思っている。

否定の気持ちの裏側にある希望の面を見ることが大切です。

寿ぐ、言祝ぐ

意味

神道の言霊信仰のひとつ。「言葉で祝福する」「喜びを言う」の意。祝ぐには、「良い結果が得られるよう祝福の言葉を唱えて神に祈る」の意味がある。

良い言葉は相手も自分も幸福に導く

お伝えしてきたように、神道には言霊（ことだま）思想があります。言霊思想とは、言葉には霊力があり、発した言葉通りの結果を実現できるとする考え方です。

良い言葉を相手にかけることで自分も相手も幸福に導いていきます。

人の力を奪う言葉ではなく、人に力を与える言葉を使うことが重視されます。人に力を与える言葉によって、大いなる神様（御神霊）と繋がり、大いなる自分の可能性とも繋がり、広がっていきます。

多くの神社では、6月と12月に大祓という、お祓いの神事を行い、心身を清めます。その時に奏上する大祓詞は、罪や穢れを払う祝詞で、奏上とは大祓詞を言葉に出して読むことです。

大祓詞の奏上によって、半年の間に身についた罪や穢れを祓います。

日常でも、言祝ぐことで、邪気を清めて本来の神聖な力や底力を発揮します。言祝ぐは日本人が大事にしてきた習慣で、「ご馳走様」「ありがとうございます」「おかげ様です」は、その代表的な言葉です。

Eさん、Yさん（30代・夫婦）の場合

相手のよいところを褒めて、理解しようと努めたことで、夢を叶えた夫婦

女性起業家のための広告代理店を経営する30代の妻Eさんと、ＩＴのコンサルタントをする夫Yさんは、３歳と６歳の子どもを育てています。

Eさんは、家庭で自分が感情を爆発させてしまうことを改めたいと思っていました。Yさんは妻の感情爆発に、一時は離婚という言葉が脳裏をかすめることもありました。しかし、いまは夫婦円満で、二人の共通の海外に移住するという夢を実現し、家族で心楽しく暮らしています。

夫婦で言祝ぐを実践したからに他なりません。

感情コントロールができない自分に手を焼く

妻のEさんは、社交的で表現力豊か、誰とでも仲良くなれる笑顔が素敵な女性です。

夫のYさんは、穏やかで忍耐強く、家事や子育てにも協力的な好青年。

Eさんは在宅中心で仕事をしていて、忙しさから、家庭では感情的になりがちで、夫に対して「なんで私1人でやらなきゃいけないの！」とキレることも。

夫は彼女の機嫌を取るのが大変だと感じていました。

Eさんは、友人の紹介で私の元を訪れたとき、「最高に幸せで恵まれていて、うまくいっている」と語っていました。唯一の悩みは、自分の感情のコントロールが難しく、夫と本音で話し合えないこと。なんとか自分を変えたいと受講を決めました。

Eさんが感情を爆発させるのは、気が許せる家族にだけです。

自分の周囲でイキイキと仕事をしている人を見ると、「自分も頑張らなくては」と焦る気持ちが湧いてきます。そして、人から評価される、認知されるために結果を出さなくてはと、一生懸命に働いていていました。

一方で、家族のことは後回しになりがち。

イライラするとご主人に感情をぶつけたり、子どもがかまってほしくて近づいてきても、忙しさ故に「うるさい！」と冷たくすることもしばしばで、子どもに我慢をさせていました。

「家事も仕事もあって忙しいのだから、自分のスケジュールに家族が合わせて協力してくれるのが普通」と考えていました。

でもそれは間違っていると、心のどこかで思っていました。

自分で感情のコントロールができていないし、家庭内での態度は改める必要がある。でも、どうすればいいのか、わからなかったし、忙しさに流されて、真剣に考えている余裕もありませんでした。

5つの肯定的な言葉を意識して「言祝ぐ人」になる

私は次のことをお話ししました。

「否定的な言動を変えて、お客さんはもちろんご主人に対して、率直で、前向きな気持ちを表現するようにしましょう。

夫婦関係では、お互いに褒め合い、良いところを見つけることが大切で、これが関係性を良好に保つ要因となります」

夫婦関係においては、言葉とコミュニケーションの工夫が重要です。

「夫婦だから、言わなくても通じるはず」は通じません。相手が何を考えているのかは言葉で伝えないとわかりません。当たり前だと思わずに自分の気持ちを前向きで、優しい言葉で伝えることを意識します。

具体的には、主に2つのことが重要です。
ひとつは、５つの肯定的な感情を意識して使い、日常の言葉にすることです。
意識したい肯定的な感情は次の５つです。

意識したい5つの肯定的な感情

・嬉しい気持ち……「○○が嬉しかった！」と伝える。
《例》夫がディナーの約束に1時間遅刻してきた。
夫「ごめん、待たせちゃったね」
妻「ほんと、すごい遅刻！」
夫「電車が止まっちゃって」
妻「でも、遅れても、大急ぎで来てくれて嬉しかった」
・ありがたい気持ち……感謝の気持ち。どんなに小さな感謝でもいい。
・楽しい気持ち……嫌なことがあったら、楽しい気持ちになることをする。

《例》
夫「今日は上司に叱られてまいったよ」
妻「だったら、一緒にお笑いの番組でも見ようか。いやなこと笑い飛ばしちゃおう」

- **探求する気持ち**……向上心。「こうやったら面白い」「こうやったら相手が喜んでくれそう」ということを意識する。
- **ほのぼのする気持ち**……陽気で温かく前向きになれる気持ち。

《例》
夫「今日は忙しくて疲れたな」
妻「一緒にお茶を飲もうか。美味しいの、入れるよ」

ポイントは、否定する感情を見るのではなく、一緒に夫婦で味わうことで、気持ちが整うことを意識します。

この5つの肯定的な感情を自分の中で見ていくようにすること。そして、誰かとコミュニケーションを取るときには、最後は必ず、肯定的な感情で終わらせます。

たとえケンカしたとしても、最後は必ず相手を褒めたり、感謝する言葉などをかけて終わらせるということです。

また、特に**「面白い」「嬉しい」「ありがたい」**などは、**少し大げさに表現する**ことも大切です。身振り手振りや体を動かすことで感情を表現すると、より効果的に周囲を変えることができます。また自分もなんだか楽しい気持ちになってきます。

自分が喜ぶと、相手が喜び、周りも喜び、周囲に愛の循環が生まれるのです。

難しいようですが、意識していると、いつのまにか無意識にできるようになります。

そうなれば、しめたもの。言祝ぐ人になれます。

言祝ぐ人になると強運になります。

間合いを取って丁寧に会話をする

会話で大切な2つ目は、すぐにできないときは「間合い」を取って、丁寧に会話をすることです。

「間合い」とは、適切な時間を設ける、ということです。

「丁寧に」とは、きちんと理由を説明する、ということです。

案外、家族や子どもなど身内には甘えが出てしまい、丁寧さを省略してしまいます。

丁寧な対応をすることで、いつの間にか自分の心のトゲも取れて、和らいでいきます。

この場合も、最後は肯定的な感情で○にします。

たとえば、自分が忙しいときに、子どもが「遊んでほしい」と無理を言ったとします。ただ単に「忙しいから、あっちに行って」とひとことで済ませず、次のように話をします。

「ママはいまお仕事をしていて、午後5時までに終わらせないといけないの。○○ちゃんのことを大事に思っているから、ママも一緒に遊びたい。だから、あと1時間待ってくれる？　協力してくれたら、ママも嬉しいな」

まず、いまは遊べない理由を説明する（午後5時まで仕事をしなくてはならない）。
いますぐはできないけど、できる時間を伝える（○時になったらできる）。
自分がしてほしいこと（協力＝子どもにとっては「こと」）を伝える。
最後は、肯定的な言葉（嬉しい）で○で終える。

このように丁寧に話すことで、子どもは納得してくれます。話をするときには、かがんで、子どもと同じ目線にすることも大切です。

大人は、子どもに対しては、無防備に、いつも通りの振る舞いをしてしまいがちですが、子どもにも同じように、１人の人間として、尊重してあげたいものです。

大きな身体の大人は子どもにとっては、威圧感がある存在です、お願いする時は、ひと呼吸おいて、子どもがお母さんにお願いされていることがわかるように、ちゃんと伝える姿勢が大事です。子どもにも、大人に接するのと変わらず、同じように相手を尊重して接してあげると、自尊心をもったお子様に育ちます。

夫婦ゲンカで間合いを取るとお互いを理解しあえる

感情的になりそうなときは、物事を主観で見ているときです。

相手の状況が見えていないときが多い。そんなときも間合いを取ると、心が落ち着き、相手の立場や気持ちを考えることができます。つまり、客観的に見ることができるようになります。

例えば、こんな夫婦の喧嘩。

夫「そんなにまくしたてられたら、自分の気持ちが整理できないよ！」

妻「ごめん。わかった。気持ちの整理がついたら、教えて。待っているから」

感情的になったら、一度持っているボールを置いて、間合いを取る。するとお互いに冷静に話し合えて、いい結果に導くことができます。

ケンカをしても感謝で終わると神様と共鳴できる

ケンカをするのはできるだけ避けたほうがいいです。

とはいっても、毎日一緒にいれば、ケンカにもなります。

そんなときに注意してほしいのは、相手の心を傷つけないことです。

相手の心の中にも、神様がいるからです。そして、たとえ、喧嘩になったとしても、最後は、「今日は感情的になってごめんね。もっと優しい言葉で伝えたらよかったね。聞いてくれてありがとう」などのように感謝の気持ちで終えるようにします。

そして、できれば、自分のことのように相手を大切にします。すると、神様と心が共鳴しやすくなります。神様と共鳴すると、次のことが起こりやすくなります。

神様との共鳴によって起こること

- 自分のことが好きになる。

・人生がよい方向に向かう。
・自分に集中できる。

良い言葉がけがお客さんを増やす

Eさんは、持ち前の熱心さと柔軟さで、講座の学びをあっという間に吸収して、家庭生活や仕事で実践しました。

するとさまざまな変化が次々と起こりました。

まず、大きな仕事が来るようになりました。

これはEさんの良い言葉がけの賜物です。明るい言葉で人に話したり、「それ、面白いね！」「いいね！」「嬉しいー！」「ありがたーい！」と上手に感謝したり褒めたり面白がりました。すると、言われたほうは嬉しいから、Eさんに対して、もっと何かしてあげたくなります。

実際、「なんかあなた（Eさん）と話していると気持ちが軽くなる」と言われることが増え、仕事の相手に「あなただからお願いしたい」と選ばれる人になりました。元々、仕事も優秀なので、さらに彼女は人気者に。Eさんの周りでは、いい言葉が循環していますから、人が集まってきますし、仕事も増えてきたのです。

楽しい瞬間や幸せな時間が増えたのは「言祝ぐ」を実践したから

家庭の中での変化も目を見張るものがあります。感情を爆発させることはなくなりました。その大きな変化に驚いて、ご主人も私の講座の受講生になったほどです。ご主人も言葉の使い方を学んだので、子どもたちに接する態度が変わりました。

初日の講座が終わった日、レストランで子どもが食べている唐揚げを落とし、テーブルの下にもぐって、それを拾って食べようとしたのです。すると、ご主人は一緒にテーブルの下に入って、

「唐揚げ美味しい？　食べたかったんだよね。でも、落ちたものは食べないようにしてくれるとお父さんは安心できるよ」と優しく伝えていました。

以前の彼だったら「汚いから食べちゃダメ！」と、厳しくしつけていました。たった1回の受講での変化にEさんは、心から驚いたと言います。

2人は、夫婦間でお互いの夢や将来のビジョンを共有し、それを語り合うこともできる

ようになりました。

子どもたちの教育のために、いつかは海外で生活がしたい、という目標を設定し、たった半年でその夢を実現してしまいました。

いまEさんは家族そろって、マレーシアで暮らしています。

夫婦関係も仕事の人間関係も好転していきました。

Eさんは、講座を振り返って、

「言葉を変えることで、楽しい瞬間や幸せな時間が増え、人間関係が好転し、深まってきました」と喜んでいます。

神道で感謝の言葉が大切にされる理由

私が伝えた言葉で、Eさんご夫婦そろって印象に残っているのは次の話です。

「あなたたちは目の前のブルーベリーの木に、たわわに実がついているのになぜ食べないの？　ブルーベリーの木から実が落ちてくるのを待っているよね。ブルーベリーの実が落ちてきたら感謝するという考え方ではなく、自分からブルーベリーを取りにいって獲得するほうがいいのでは？

感謝ある出来事を待つのではなく、あなたが自分から働きかけて感謝を見出していく。感謝される行いや言葉を発する。そういう積極性を持っていきましょう」

ブルーベリーの実は感謝と幸福の例えです。

感謝は、何かされたら「ありがとう」というものではなく、何かをされなくても目の前にあふれています。それを自分で見出す目をもつことが大切です。

●感謝をすると神様とつながりやすくなる

本書の中では、「感謝」という言葉がたくさん出てきました。

神道では感謝を大切にしています。

「感謝」の言葉は、人を喜ばせます。

「ありがとう」といわれて、いやな気持ちになる人はいません。神様も「感謝する」「感謝される」ことを喜び、味方になってくれます。

神道は、「神」「人」「大自然」との共生であり、調和で成り立っています。そのお互いの心をひとつにするのが、「感謝」です。感謝しあうことで、調和していきます。

感謝の言葉が出てくると、神様につながりやすくなります。

だからこそ、「私のブルーベリーは何？」と先に考え、落ちてくるブルーベリーを待たないことが大切です。

自分でブルーベリー（＝感謝、幸せ）の木を育てて、人に自分の実を与える人になる。やってくるのを待つのではなく、自分から築いていきましょう。

●感謝のワークで禊をする

感謝するときには、「ありがとう」と言います。

「ありがとう」は「有り難いこと（＝めったにないこと）」です。「有り難い」の反対は「当たり前」です、

目の前のことを「当たり前」と流さず、「有り難い」と思うには、心を研ぎ澄ませ清らかにすること、物事のひとつ奥まで見つめることが必要です。

心を研ぎ澄ませ清らかにする行為は、禊ぎに他なりません。

感謝は禊ぎに直結する行為です。

神様とつながりたい、人生を好転させたい、といった場合、「3つの感謝のワーク（禊ぎのワーク）」がおすすめです。

3つの感謝のワーク

1日を振り返り、

- 自分の良かったところ（悪かったところでも、○に変換したらOK）
- 自分が好きだったところ（自分が嫌いなところでも、○に変換したらOK）
- エネルギー（テンション）が上がったところ（エネルギーが下がったところでも○に変換したらOK）

を思い出し、それぞれに感謝の思いを書き出す。

《例》

- 「自分は大切だと思う人にだけしか関心をもってこなかった。そのことに気づけた自分が好き」
- 「今日はとても天気がよかった。気持ちよく1日が送れたことに感謝」
- 「寒くて冷え性の自分には辛い。でも、だからこそ温かいお風呂をありがたいと思えた」

自分の中の感謝の心を見つけていくことで、心の禊ができます。

補章——古神道の作法

●願いを叶えるお祈りの6つのコツ

○不浄な願い、人の不幸や否定形でお願いしない

潜在意識に主語はない。相手への行いは、自分への行いと同じ。「○○さんが絶対に昇進しませんように」と祈るのは、「私が絶対に昇進しませんように」と祈るのと同じ。

○周囲も幸せになるように祈る

自分ごとだけではなく、自分が幸せになることで、先祖や両親、職場、地域などがよくなることまでイメージして祈る。すると、豊かさが循環し、自分も豊かになる。

○神様に依存しない

神様に祈ったら、後は神様にお任せと思わないこと。

感謝をもって、自分で考えて行動していこう。神様が見守ってくださっていることを力に変えて、励みにしていく。神様に依存するのではなく、自ら主体的に行動して自分の心を育てる。

○神様への感謝、親近感を高める

神様と向き合うことで、神様への感謝や親近感を高めていく。祈りの場は自己成長の場と捉える。

○明るい気持ち、清浄な心で向かい合う

不浄な暗い気持では、祈りは通じない。

神様と共鳴するためには、取引のない清らかな気持ちが大切です。

○自分を整えて参拝する

今の自分と静かに向かい合う気持ちを持ち、心を整えて参拝する。

波立つ感情を一旦手放して、平常心で向き合う。

●願いが叶う祈り方

①目を開けて、祈る対象（ご神体）に向き合う。

肩の力を抜いて、背筋を伸ばす。

両手は胸の高さで合わせ、右指先を少し下にずらす。

指を広げず、胸元につけない。

②胸の中心と合掌した指先（中指）を祈る対象に向ける。

胸と手の間の空間に、「祈りの場」ができる。

③直霊（自分の胸のあたりにある神聖な場所）の光が、「祈りの場」（胸と手の間の空間）を通り、合掌した指先（中指）から出るイメージを持ち、祈りの対象と一直線につなげる。

④祈り＝〝意乗り〟意識を乗せることが大切。

ゆっくりと気持ちを込めて、祈りの言霊を神様に届けるイメージで祈る。

（言霊の例）神社で良縁を祈る場合

(1)おかげ様で、いつもありがとうございます。

(2)御祭神の大神様の益々のご開運をお祈り申し上げます。

(3)□□（住所地）に住んでいます○○（名前）です。△△年（干支）です。

(4)心穏やかで優しい独身の男性と出会うために行動します。

良きご縁組の後押しをお願い申し上げます。

(5)いつも本当にありがとうございます。

祈りが通じると、胸や手のひらが温かくなる。

ポイントは言霊の祈りの言葉の(4)です。

×「心穏やかで優しい独身の男性と出会いますように」

○「心穏やかで優しい独身の男性と出会うために行動します」

自分が実現するために「行動する」と誓いを立てて、そのあとに、「後押しをお願い申し上げます」と祈ります。

×の例のように、神さまにすべてを委ねる祈り方は避けます。

●開運するために大切なご守護のご神仏とつながるお祈り

人生を変わらず守護してくださる存在、ありがたいご神仏について説明します。

「大切なあなたのご守護のご神仏」

○御祖（みおや）の大神……直接守護してくださる根源の神仏のトップ

○直霊（なおひ）の大神……自分に直霊を分け与えてくださった神様

○産土（うぶすな）の大神……今生の自分の人生を担当する神様

○産土（うぶすな）の守護仏……今生の自分の人生を担当するご守護仏

○鎮守（ちんじゅ）の大神……現在の居住地を守護する神様

現在の人生を直接的に守護してくださるご神仏です。私は訪れる神社に行く場合は、その神社の御祭神の神様に感謝をお伝えます。そして、場所を選ばず、自宅、出張先、他の神社を訪れているときも、その場を借りて、いつも応援してくださる自分の担当のご神仏に感謝を伝えています。

《例》

おかげ様でありがとうございます。

わが御祖の大神様、わが直霊の大神様、わが産土の大神様、わが産土の守護仏様、わが鎮守の大神様のご存在がとっても有り難い。大好きです。喜んで人生を慈しみます。

ますますの神様のご開運、ご活躍をお祈り申し上げます。

あなたの心を込めた感謝の言葉でお伝えしてください。今の出会いや職業、居住地に関するすべてに、直接的にお力添えしてくださる最もご縁があるご神仏です。

●覚えておきたい自神拝

神様の分霊である自分の一霊四魂にも感謝をお伝えください。あなたの心の中に神聖な神殿があります。あなたが自分で、内在する自分の神様にお祈りするのです。自分をほめて、神様と一体になって、人生を開運していきましょう。

古神道の秘儀として、宮中で引き継がれている御鏡御拝（みかがみぎょはい）の簡易版、私流のやり方をお伝えします。古神道では、天之御中主神（あめのみなかぬしのかみ）から分霊（わけみたま）を頂いており、それが内在する個人の魂（直霊〈なおひ〉）ともつながった内在神です。

神社の祭壇の鏡が参拝者を向いているように、鏡はわが身と心を映します。鏡は古くから神聖な依り代の役割があります。鏡（かがみ）から我（が）を取ると、神（かみ）になります。自分で鏡に向かって、内在する神様を拝むことで、活力を注入して、自分の在り方を整える方法です。自分で意識的に神様とつながり、大いなる力を注入できます。

身支度を整えて、

①鏡に向かう。瞳は霊止身（ひとみ）ともいい、大いなる力が発現しますので、口角を上げて、微笑んで愛と感謝を送ります。

②手を合わせる。二拝二拍手をして、手を合わせる。

③わが一霊四魂のますますのご開運をお祈り申し上げます。

わが一霊四魂はますます輝いています。

わが一霊四魂が大好き。なんて美しい。

※心が喜ぶ言葉で自分の一霊四魂を愛と感謝で満たします。

④祈り終わったら、一拝。

一霊四魂とは、天とつながる一霊の直霊（4つの魂を統治）と、魂の4つの性質のこと。4つの魂とは、荒魂、和魂、幸魂、奇魂のこと。

荒魂……心願成就をもたらす魂
和魂……調和・統合する働きをする魂
幸魂……知恵、洞察力を司る魂
奇魂……奇跡、超常的パワーと関わる魂

●清浄な心と活力を復活させる日拝の方法

日拝とは、太陽を拝むことです。神道では太陽に向かって拝礼し、太陽の大神様の御神威（「絶対的な力」のこと）、御神徳（「神のすぐれた性質」のこと）をたくさん頂いて、清浄な心と活力を復活させます。

日拝のやり方はいろいろありますが、私流のやり方は、「太陽に向かって二拝二拍手一拝」をしています。具体的な方法は次のとおりです。

【日拝の方法】

（1）太陽に向かって二拝二拍手一拝をします

1．足幅は、肩幅程度に広げ、自然なカタチで立ちます。

2．手は、下に降ろした状態で、身体から少しだけ離します。

3．手のひらは太陽の気を受け取るために太陽に向けます。

4．目は直接太陽を見ないように、太陽より下を見ます。

5．呼吸は鼻から、吸う息とともに、手のひらと胸の中心から太陽の気を自分の意識体に取り込みます。

6．感謝の気持ちを、言葉に出して伝えます。

（例）わが御守護のご神仏様、わがご先祖様、そして、わが一霊四魂（私の魂）いつもありがとうございます。どうぞ太陽の神様の大いなる御神威（みいづ）、御神徳（ごしんとく）を受け取ってください。

7．正面が終われば、背中を太陽に向けて受け取ります。この際、手のひらだけ太陽に向けます。最後に感謝のお辞儀をして終了。

受け取る時間は何分でもいいです。太陽が昇っている、太陽の気が満ちた午前6時～正午までが良いでしょう。曇りや雨の日にも、太陽を浴びているイメージで行います。

●あらゆる願いが叶う古神道最強の言葉

あらゆる願いが叶うといわれるのが、**古神道最強の言霊「十言の神咒　太陽真言」**です。次の言葉です。

アマテラスオホミカミ

伊勢神宮に祀られている太陽の神様の名前です。全部で10文字なので、「十言」といわれます。この言葉を唱えることで

- 天界の天照大御神のご神徳を頂く
- ゆっくり唱えることで、素に戻る

効果があります。場所や人、心身の浄化や禊ぎをするときに唱えます。

●古神道の言葉集

①ありがたい、有難い

当たり前のことはない、すべてが有ることが難しいことなのに、あることの幸せを感

じる力

②一切成就の祓い

どんな環境でも清浄な心で自分を保つことで流れに乗れる力

③祈りは意乗り、意宣り

祈りは、意思を宣言することで、意識的に実現に向けて行動をとる自分へ誓う力

④弥栄（いやさか）

慈しみの心で「すべてに栄えあれ」をもたらす力

⑤陰極まって、陽となす

迷いがあるから自分が見えてくる。困難は人生の流れを変える力

⑥陰陽調和の心

しなやかに流れを見極めて生きる力

⑦お天道様が見てござる

自らの心を曇りなき目線で、愛情深く育てる力

⑧お蔭様で

当たり前のことはない。当たり前と思えることの有難さを育む力

⑨畏みの心

清らかな素直な心で、謙虚に心と向かい合う力

⑩かたじけない

恐れ多くも、もったいないほどの幸せを感じる力

⑪惟神の道（かむながらのみち）

神様だったらどうするだろうか？　自分の心と向き合い丁寧に問いかける力

⑫決定祈り、決定成就

もうこれは達成されたと心の底から思うことで、顕在意識と潜在意識が一致し、目標を達成する力

⑬心だに誠の道にかなひなば　祈らずとても神や守らむ

天地自然の法則にかなった生き方をしている人は、黙っていても守られる力

⑭事挙げせず（ことあげせず）

うわべだけの言葉より、ここぞという時に心から放つ言葉に神が宿り、心深く届ける力

⑮言霊（ことだま）

言葉の力で、取り巻く状況を変える

言葉を放つ魂の誠の力が、現実を動かす力

⑯言祝ぎ　言寿（ことほぎ）
思いやりのある言葉をかけることで、相手を幸福に導く力

⑰言向けや和す（ことむけやわす）
心の視座を高く保ち、言葉を説いて、人の心を和らげて穏やかにする力

⑱斎戒（さいかい）
行動を慎み、意識を整える　身削ぎ＝禊

⑲悟りとは差取り
言っていること、思っていること、やっていることに差異がないこと
顕在意識と潜在意識の差を取って悟り人になる力

⑳審神者（さにわ）
損得やうわべに惑わされずに核心を見極める力

㉑自神拝（自霊拝）
鏡に向かって、内在する神を拝むことで、自分の在り方を整える
我に返って、自分を保つ力

㉒姿態は心の顕現（したいはこころのけんげん）
しぐさや振る舞いの中に、自分の心の在り方が映し出される

㉓修理固成（しゅりこせい・つくりかためなせ）

分散した志をひとつにして、より良いものを創造する力

㉔心身一如（しんしんいちにょ）

心と身体の働きがひとつとなれば、無限に選択が広がる力

㉕神人合一の世界

すべての根っこはつながっている　喜びを共にする力

㉖神人和楽（しんじんわらく）

神様と人が和み楽しみながら、新たな活力を生み出す力

㉗生成化育（せいせいかいく）

自らを省み、自分を整えて育てる力

㉘清明正直（せいめいせいちょく）

清く、明るく、正しく、素直に

㉙祖我一如（そがいちにょ）

ご先祖様から子孫への生命の営みは循環し、命が生かされ育まれることを感謝する力

㉚祖神垂示の薫陶（そしんすいじのくんとう）

心の在り方は誰かの心に必ず受け継がれる

㉛大自然即ち神

どんなものにも存在する意味があり、生きとし生けるものすべてを敬う力

㉜魂振り（たまふり）

迷いや疲れた心の時こそ、自分の原点に立ち返る力

㉝中庸

過信も過不足もなく調和をとることができる力

㉞天地人

神は人の敬いにより威を増し、人は神の徳によって運を添う力

㉟天は地を覆い、地は天を載せる

慈しみの心ですべてを包む優しさの力

㊱中今（なかいま）

今の捉え方が、人生の質を決める

㊲肉体は限り身（かぎりみ）であり、輝り身（かがりみ）

命には限りがあるからこそ、永遠の魂を持つ自分を輝かせて生きる喜びを育てる力

㊳肉の宮

肉体は、今を映す現身（うつしみ）、命をおさめる大切な器

㊴祓いで始まり、祓いで終わる

雑念を払う力こそ、幸せになる鍵

反省して心の歪みを見直し、感謝の心で、執着を手放す力

㊵万有即吾（ばんゆうそくご）

天地万物は自分自身と同じ

㊶瞳は霊止身（ひとみ）

「瞳は心の窓」であり、心の光を映し出す力

㊷御鏡御拝（みかがみぎょはい）

御鏡の拝礼。自分の中の神様を拝むことで限りなく神に近づく

㊸禊（みそぎ）とは身削ぎ、身注ぐ

思いを持ちすぎず、本来のあるがままの自分を受け入れる力

㊹恩頼（みたまのふゆ）

感謝する心に、神様からの恵みが与えられる

㊺産霊（むすび）

心と身体のバランスを保って、魂の力を取り戻す力

㊻やまとこころ

心の基本を大切に、清く明るい心で正直に生きる力（清明正直）

㊼礼をもって本（もと）とせよ

心の秩序を保って、敬いの心を大切にする力

㊽禍い転じて福となす

心の解釈ひとつで、納得した生き方を見つける力

㊾我は即ち宇宙

「自分にも責任がある」と物事に関心を持って見方を変える力

㊿和を以って尊しとなす

お互いの心が和らいで、志をひとつにすることで調和を生み出す力

おわりに

人はいつだって悩むことも、落ち込むこともあります。そんな時、私には不思議と思い出す場面があります。

未来の選択に悩んだ20代のＯＬの頃、明け方、今は亡き母が私の部屋に入ってきて、

「応援しているよ」

「あなたならできるよ」

「信頼しているよ」

と、私にかけてくれた言葉や、何も疑わない曇りなき眼差しです。すべてを察した母が、短くて力強い言葉で、励ましてくれました。そして今なお、この言葉や母の存在は、私を支え続けてくれています。

未来に大きなことを成し遂げることも素晴らしいけれど、「今この瞬間」に優しい思いやりを表すだけで、どれだけの人が生きる勇気を持てるのか、それを実感させられる母親

の言葉でした。

言葉はいつまでも心に残り、誰かの人生に花を咲かせます。私も、これからも楽しいときより、迷ったときに思い出されるような存在でありたいと思います。この先もご縁のある人たちと出会うことを楽しみに。

はじめての本を出版するにあたり、ビジネス社の唐津隆社長と中澤直樹様、グッドインフルエンサー著者養成塾でお世話になったOCHI企画の越智秀樹様、原稿のご指導をいただいた小川真理子様にこの場をお借りして心より御礼を申し上げます。

また、「コアエッセンスヒーリング実践講座」の在校生や卒業生のみなさん、執筆に際して、サンプル事例の掲載を快く承諾してくださったみなさん、この恵まれた幸運の出会いのおかげ様で、この本が出来上がりました。

そして、いつも全力で愛を持ってサポートしてくれるスタッフの紗佑里さん、裕葉さん、真美さん、木村さん、泰一さん、マスターマインドのみなさん、登録セラピストのみなさんの存在に励まされています。

最後にいつも変わらず応援してくれる姉の泰ちゃん、聡之さん、可愛い甥っ子たち、愛すべき存在が「今日の活力」になっています。

最後まで読んでくださりありがとうございます。この本が少しでもお役に立てれば幸いです。

２０２４年３月

山田眞佑里

【著者略歴】

山田眞佑里（やまだ・まゆり）

1963年生まれ。北海道札幌市出身。新聞社を皮切りに、ホテル、銀行、不動産開発などの複数の企業で、経営トップの側近として働く。一方で、古神道、ヒーリング、脳科学、心理学など研鑽を深める。2011年に起業。古来の精神性を学ぶ「神社ヒーリングツアー」や心の基軸を取り戻すための「心の学校」を主催。2015年に法人化。「コアエッセンスヒーリング実践講座（旧グリーフケアセラピスト養成講座）」は、2024年春で17期継続開催となり、延べ500名超の卒業生を輩出。また、神社ヒーリングツアーは計34回、累計550名の参加実績。東京、大阪、札幌、沖縄校を展開。現実的な戦略と心の在り方のアドバイスを得意として、延べ1万人以上のカウンセリングを行う。2022年2月には「国際コアエッセンスヒーリング協会」を設立。「人が資産となり活躍する社会」に向けて、自分を活かす生き方を実践する場と人材育成に力を入れている。

国際コアエッセンスヒーリング協会
https://core-essence.jp/

企画協力：越智秀樹（OCHI 企画）
編集協力：小川真理子（文道）

祈りの作法

2024年 4 月11日　　第 1 刷発行

著　者　山田 眞佑里
発行者　唐津 隆
発行所　株式会社ビジネス社

〒162-0805　東京都新宿区矢来町114番地 神楽坂高橋ビル5F
電話　03(5227)1602　FAX　03(5227)1603
https://www.business-sha.co.jp

〈装幀〉大谷昌稔
〈本文組版〉有限会社メディアネット
〈印刷・製本〉中央精版印刷株式会社
〈営業担当〉山口健志
〈編集担当〉中澤直樹

ISBN978-4-8284-2620-4